A thai konyha titkai 2023

Fedezd fel a thai gasztronómia finomságait

Árpád Orsós

Tartalomjegyzék

Bevezetés 8
Rák tavaszi tekercs 10
Thai krumpli 12
Sült tofu mártogatós szósszal 17
Tom Yum 19
Csirke-citromleves 21
Thai fűszeres marhahúsleves tésztával 25
Hűtött mangóleves 27
Tüzes marhahússaláta 28
Fűszeres garnélarák saláta 31
Édes-savanyú uborkasaláta 33
Zavaros dinnye saláta 35
Forró és savanyú marhahús 37
Sült marhahús mentával 39
Sertéshús fokhagymával és fekete borssal 41
Fahéjas marhahús 43
Gyömbéres csirke 45
Bazsalikom csirke 47
Csirke fekete borssal és fokhagymával 49
Kókuszos-chilis csirke 51
Lime-gyömbér filé 53
Seafood Stir-Fry 58
Bazsalikom Fésűkagyló 59
Vegetáriánus keverősütik 60
Sült karfiol 63
Thai stílusú sült okra 64

3

Rántott csípős borsó és babcsíra 66
Pad Thai.. 68
Serpenyőben sült tészta.. 71
Vegetáriánus szezám tészta.. 73
Virágos lime tészta.. 75
Alap ragadós rizs 80
Távol-keleti sült rizs 82
Gyömbér rizs 84
Mango Fool 88
Görögdinnye jég.. 90
Egyszerű thai jeges tea 92
Ázsiai sárgarépa rudak 93
Thai stílusú guacamole 95
Thai csirke saláta 97
Mogyorós burgonyasaláta 99
Délkelet-ázsiai hamburgerek 101
Fűszeres buggyantott csirke 103
Ötfűszeres zöldségek 105
Félsziget édesburgonya.. 108
Mézes csirke.. 110
Gyümölcs Sherried szirupban... 112
Ropogós marhahús curry szósszal 114
Párolt currys marhahús... 115
Rántott currys marhahús 116
Marhahús fokhagymával... 118
Marhahús gyömbérrel... 119
Pirosra főtt marhahús gyömbérrel 120
Marhahús zöldbabbal.. 121
Forró marhahús.. 122

Forró marhareszelék	124
Marhahús mangetouttal	126
Pácolt párolt marhahús	127
Rántott marhahús és gomba	129
Pácolt rántott marhahús	130
Párolt marhahús gombával	131
Rántott marhahús tésztával	133
Marhahús rizstésztával	135
Marhahús hagymával	136
Marhahús és borsó	137
Rántott hagyma Crackle marhahús	138
Marhahús szárított narancshéjjal	140
Marhahús osztrigaszósszal	141
Marhahús borssal	142
Borsos steak	143
Marhahús paprikával	144
Rántott marhahús reszelék zöldpaprikával	146
Marhahús kínai savanyúsággal	147
Steak burgonyával	148
Vörösre főtt marhahús	149
Sós marhahús	150
Aprított marhahús	152
Családi stílusú aprított marhahús	153
Aprított fűszerezett marhahús	154
Pácolt marhahús spenóttal	156
Fekete bab marhahús újhagymával	158
Rántott marhahús újhagymával	159
Marhahús és újhagyma halszósszal	160
Párolt marhahús	162

Marhapörkölt	163
Párolt marha szegy	164
Beef Stir-Fry	166
Steak csíkok	168
Párolt marhahús édes burgonyával	169
Bélszín	170
Marha pirítósok	172
Aprított tofu-chilli marhahús	173
Marhahús paradicsommal	174
Pirosra főtt marhahús fehérrépával	175
Marhahús zöldségekkel	177
Párolt marhahús	178
Töltött steak	180
Marha gombóc	182
Ropogós húsgombóc	183
Darált marhahús kesudióval	185
Marhahús vörös szószban	186
Marhagolyók nyálkás rizzsel	188
Fasírt édes-savanyú mártással	189
Párolt húspuding	191
Párolt darált marhahús	193
Rántott darált osztrigaszósszal	194
Marhatekercsek	195
Marha- és spenótgolyók	196
Rántott marhahús tofuval	197
Bárány spárgával	199
Barbecue bárány	201
Bárány zöldbabbal	202
Párolt bárány	203

Bárány brokkolival 205
Bárány vízi gesztenyével 206
Bárány káposztával 208
Lamb Chow Mein 209
Bárány Curry 211
Illatos bárány 213
Grillezett bárány kockák 214
Bárány Mangetouttal 215
Pácolt bárány 217

Bevezetés

Harmónia a játék neve, ha a thai konyháról van szó. Az édes, sós, savanyú, keserű és csípős ízek egyensúlya elengedhetetlen, nem csak a legtöbb ételben, hanem a teljes thai étkezésben is. A thai konyhában megtalálható legfontosabb ízesítőszerek közé tartozik a kókusz, lime, chili, fokhagyma, gyömbér, koriander és szárított hal (halszósz készítéséhez). Ezek az összetevők olyan alapvetőek, mint a só és a bors a nyugati konyhában.

Mindezek az élelmiszerek az ázsiai kontinensen őshonosak, egy figyelemre méltó kivétellel: a chilivel, amelyet a portugálok vittek be Ázsiába a tizenhatodik században, miután „felfedeztek" az Újvilágban. Talán ez az egyik legmélyebb hatás a thai konyhára, hiszen a modern thai konyha szinte elképzelhetetlen a chili melege nélkül. Azonban nem a portugálok az egyetlenek, akik jelentős hatással voltak a ma ismert thai konyhára. A kínaiak bevezették a rántást, az indiaiak a curryt, az indonézek pedig számos fűszert.

A halban, zöldségekben, gyümölcsökben és rizsben gazdag, húsokban és tejtermékekben szegény thai konyha pontosan az, amit az orvos rendelt. Ezek az ételek karotinoidokban, flavonoidokban és antioxidáns vitaminokban gazdagok, amelyekről ismert, hogy csökkentik a rákot. Valójában a thai embereknél a legalacsonyabb az emésztőrendszeri rák előfordulása.

Összegyűjtöttük az 50 legjobb, legfinomabb receptet, hogy kipróbáld a saját konyhádban. Ki mondta, hogy el kell menned Thaiföldre, vagy akár egy thai étterembe, hogy egy finomat elfogyassz?

Rák tavaszi tekercs

Bontsa ki a wokját – az ehhez hasonló ételekhez készült! Fontolja meg, hogy adjon hozzá egy újabb réteg ízt úgy, hogy a keverékbe dobjon egy fél kiló apróra vágott garnélarákot.

15 tekercset kap

Hozzávalók

1 font rákhús, leszedjük, hogy eltávolítsuk a héjakat, és felaprítjuk

1 evőkanál majonéz

1/4–1/2 teáskanál reszelt lime héj

15 tavaszi tekercs vagy tojástekercs csomagolás

2 tojássárgája, enyhén felverve

Repceolaj mély sütéshez

15 apró, zsenge bostoni salátalevél

Menta levelek

Petrezselyem levelek

1. Egy kis tálban keverjük össze a rákhúst a majonézzel és a lime héjával.

2. Helyezzen 1 evőkanál rákhús keveréket 1 tavaszi tekercs csomagolásának közepére. Hajtsa rá a csomagolás hegyes végét a rákhúsra, majd hajtsa rá az ellenkező pontot a hajtogatott pont tetejére. Kenje meg egy kicsit a tojássárgájával a szabad csomagolás tetejét, majd hajtsa rá az alsó pontot a rákhúsra, és tekerje fel, hogy szoros csomagot képezzen; félretesz, mellőz. Ismételje meg a többi rákhússal és a csomagolással.

3. Melegítse fel az olajat 365 fokra egy serpenyőben vagy olajsütőben. Egyszerre 3-4 zsemlét süsd meg körülbelül 2 percig, amíg aranybarnák nem lesznek; papírtörlőn lecsepegtetjük.

4. Tálaláskor minden tavaszi tekercset csomagoljon be egy-egy darab salátával, valamint mentával és petrezselyemmel. Tálaljuk kedvenc mártogatós szósszal.

Thai krumpli

A helyi ázsiai piacnak olyan összetevőket kell tartalmaznia, mint a taro gyökér és a ragadós rizsliszt (más néven nyálkás rizsliszt vagy édes rizsliszt). Ez utóbbi az interneten is széles körben elérhető.

4-8

~

Hozzávalók

2 közepes méretű édesburgonya

4 zöld útifű

1 font taro gyökér

1 csésze rizsliszt

1 csésze ragacsos rizsliszt

Víz

1 teáskanál fekete bors

1 teáskanál só

2 evőkanál cukor

3 evőkanál fekete szezámmag

1 db 14 uncia zacskó reszelt édesített kókuszdió

1. Hámozzuk meg a gyökérzöldségeket, és vágjuk lapos, 1/3 hüvelyk vastag, körülbelül 3 hüvelyk hosszú és 1 hüvelyk széles csíkokra.

2. Keverje össze a liszteket egy nagy keverőtálban, és keverje el 1/2 csésze vízzel. Folytassa a víz hozzáadását 1/4 csészével, amíg palacsintatésztához hasonló keveréket nem kap. Keverje hozzá a többi hozzávalót.

3. Töltsön meg egy közepes méretű serpenyőt harmadáig-félig növényi olajjal. Hevítsük fel az olajat magas lángon, amíg nagyon forró, de nem füstöl.

4. Adjunk hozzá néhány zöldséget a tésztához, jól vonjuk be őket. Szűrőkanállal vagy ázsiai szűrővel tegyük a zöldségeket a forró olajba. (Itt legyen óvatos: az olaj kifröccsenhet.) A zöldségeket időnként megforgatva aranybarnára sütjük. A megsült zöldségeket egy köteg papírtörlőre tesszük lecsepegni, majd azonnal tálaljuk.

Sült Wontons

Ha a könnyebb tavaszi tekercsek nem vágják, válassza ezeket a kielégítő wontonokat! Légy kreatív a töltelékkel; helyettesítsd csirkével a sertéshúst, vagy adj hozzá reszelt káposztát a vegetáriánus változathoz.

A hozam körülbelül 25 wonton

Hozzávalók

1 gerezd fokhagyma, felaprítva

2 evőkanál koriander, darálva

1 evőkanál szójaszósz

½ csésze fehér gomba, apróra vágva

Csipetnyi fehér bors

½ kilós darált sertéshús

25 wonton skin

Növényi olaj sütéshez

1. Egy közepes méretű keverőtálban alaposan keverje össze a fokhagymát, a koriandert, a szójaszószt, a gombát, a fehér borsot és az őrölt sertéshúst.

2. A wontonok elkészítéséhez tegyünk körülbelül 1/2 teáskanálnyi tölteléket egy wonton bőr közepére. Hajtsa a wontont saroktól sarokig, háromszöget alkotva. Nyomja össze a széleit a lezáráshoz. Ismételje meg a többi héjjal és a töltelékkel.

3. Adjunk hozzá körülbelül 2-3 hüvelyk növényi olajat egy olajsütőhöz vagy wokban. Melegítse fel az olajat közepes hőmérsékleten, amíg el nem éri a körülbelül 350 fokot. Óvatosan adjuk hozzá a wontonokat, egyszerre kettőt-hármat. Folyamatosan forgatva süssük aranybarnára. A megfőtt wontonokat papírtörlőre szedjük lecsepegtetni, amint kész.

4. Tálaljuk a wontonokat édes-savanyú szósszal vagy az Ön által választott szósszal.

Sült tofu mártogatós szósszal

A tofu különböző textúrájú: selymes, kemény és extra kemény. A legjobb – és a legegészségesebb – eredmény elérése érdekében használjon extra kemény, nem GMO-t tartalmazó tofut, és csöpögtesse le és nyomja le a papírtörlő vagy a mosogatótörlő között, mielőtt felkockázná és az előkészített olajba merítené.

2-4

∽

Hozzávalók

1 csomag tofu, falatnyi kockákra vágva

Növényi olaj sütéshez

Ön által választott mártogatós szószok

1. Adjunk hozzá körülbelül 2-3 hüvelyk növényi olajat egy olajsütőhöz vagy wokban. Melegítse fel az olajat közepes hőmérsékleten, amíg el nem éri a körülbelül 350 fokot. Óvatosan adjon hozzá néhány tofudarabot, ügyelve arra, hogy ne zsúfolja túl őket; állandóan forgatva aranybarnára sütjük. Tegye át a megsült tofut

papírtörlőre, hogy az egyes tételek főzésekor lecsepegjen.

2. Tálalja a tofut különféle mártogatós szósszal, például édes-savanyú szósszal, mogyorószósszal vagy mentaszósszal.

Tom Yum

A thai konyha egyik alappillére, a friss, illatos citromfüvet három-öt darab, körülbelül egy láb hosszú csokorban árulják. Egy ázsiai piac fagyasztó részlegében is talál felhasználásra kész fajtákat.

4-6

~

Hozzávalók

4-5 csésze víz

3 medvehagyma, finomra vágva

2 szál citromfű, megsérülve és 1 hüvelyk hosszú szeletekre vágva

2 evőkanál halszósz

2 evőkanál friss gyömbér, darálva

20 db közepes méretű garnélarák, héjastól, de farkát meghagyva

1 doboz szalmagomba lecsepegtetve

2-3 teáskanál szeletelt kaffir lime levél vagy lime héja

3 evőkanál limelé

2-3 thai chili paprika kimagozva és darálva

1. A vizet egy közepes méretű leveses fazékba öntjük. Adjuk hozzá a medvehagymát, a citromfüvet, a

halszószt és a gyömbért. Forraljuk fel, csökkentsük a hőt, és főzzük 3 percig.

2. Adjuk hozzá a garnélarákot és a gombát, és főzzük, amíg a garnélarák rózsaszínűvé nem válik. Hozzákeverjük a lime héját, a lime levét és a chili paprikát.

3. Fedjük le és vegyük le a tűzről. Tálalás előtt hagyja állni a levest 5-10 percig.

Csirke-citromleves

Mindössze 40 percnyi előkészítési és főzési idő lehetővé teszi, hogy összegyúrd és élvezd ezt az enyhén édes, enyhén csípős levest, amely tele van klasszikus thai alapanyagokkal.

4-6

∽

Hozzávalók

½ csésze citromszelet, beleértve a héját is

3 evőkanál halszósz

1½ teáskanál friss csípős chili paprika kimagozva és apróra vágva

2 zöldhagyma, vékonyra szeletelve

1½ teáskanál cukor

1½ csésze kókusztej

2 csésze csirkehúsleves

3 teáskanál citromfű meghámozva és apróra vágva

1 csésze szalmagomba

1 evőkanál friss gyömbér, darálva

1 egész csont nélküli, bőr nélküli csirkemell, buggyantva és felaprítva

1. Keverje össze a citromszeleteket, a halszószt, a chili paprikát, a zöldhagymát és a cukrot egy kis üvegtálban; félretesz, mellőz.

2. Keverje össze a kókusztejet, a csirkehúslevest, a citromfüvet, a gombát és a gyömbért egy serpenyőben. Forraljuk fel, csökkentsük a hőt, és főzzük 20-25 percig. Adjuk hozzá a csirke és citrom keveréket; átmelegíteni.

3. Tálaláskor felmelegített tálakba merítjük.

Thai fűszeres marhahúsleves tésztával

Ha olyan thai fűszerekkel és alapvető alapanyagokkal tölti fel kamráját, mint a halszósz, chiliszósz, gyömbér és rizstészta, akkor minden alkalommal, amikor marhamaradék marad a hűtőben, egy ilyen elegáns levest tud felverni.

4-6

∽

Hozzávalók

8 csésze marhahúsleves

1 egész csillagánizs, összetörve

1 (2 hüvelykes) fahéjrúd

2 (1/4 hüvelykes) darab hámozott gyömbérgyökér

8 uncia rizstészta, 10 percre forró vízbe áztatva, leszűrve és hideg vízben leöblítve

1 szál citromfű, kemény külső levelek eltávolítva, belső mag összezúzva és ledarálva

3/4 csésze maradék marhasült, apróra vágva vagy aprítva

1/4 csésze halszósz

1 evőkanál elkészített chilis-fokhagymás szósz

2½ evőkanál limelé

3-4 teáskanál (vagy ízlés szerint) só

Frissen őrölt fekete bors ízlés szerint

1. Egy közepes méretű serpenyőben lassú tűzön 30-40 percig pároljuk a marhahúslevest, a csillagánizst, a fahéjrudat és a gyömbért.

2. Az alaplevet leszűrjük, és visszatesszük a serpenyőbe.

3. Adjuk hozzá a tésztát, a citromfüvet, a reszelt marhahúst, a halszószt, a chiliszószt és a fokhagymát. A levest közepes lángon felforraljuk. Csökkentse a hőt, és párolja 5 percig. Hozzákeverjük a lime levét, sózzuk, borsozzuk.

Hűtött mangóleves

Annak érdekében, hogy még jobban csökkentse az édes ízt, és feldobja ezt a sós levest, hagyja ki a cukrot, és adjon hozzá egy csipetnyi cayenne-t és pirospaprika pelyhet.

2-4

Hozzávalók

2 nagy mangó, meghámozva, kimagozva és apróra vágva

1 1/2 csésze csirke- vagy zöldségleves, hűtve

1 csésze natúr joghurt

1 teáskanál cukor (elhagyható)

1 evőkanál száraz sherry

Só és fehér bors ízlés szerint

1. Az összes hozzávalót turmixgépbe vagy robotgépbe tesszük, és simára dolgozzuk. Állítsa be a fűszereket.

2. Ezt a levest azonnal tálalhatjuk, vagy szükségig hűtjük. Ha lehűti a levest, tálalás előtt hagyja szobahőmérsékleten állni körülbelül 10 percig, hogy kicsit lehűljön.

Tüzes marhahússaláta

Tálaljuk kiadós főétel salátaként, vagy csökkentsük az adag méretét, és pikáns első fogásként kínáljuk. Akárhogy is, érdemes extra öltözködést készíteni, hogy kéznél legyen!

2-4

∽

Hozzávalók

Az öltözködéshez:

¼ csésze bazsalikom levelek

2 evőkanál serrano chili, apróra vágva

2 gerezd fokhagyma

2 evőkanál barna cukor

2 evőkanál halszósz

¼ teáskanál fekete bors

¼ csésze citromlé

A salátához:

1 font marha steak

Só és bors ízlés szerint

1 szál citromfű, a külső levelek eltávolítva és eldobva, a belső szár finomra szeletelve

1 kis vöröshagyma, finomra vágva

1 kis uborka, finomra szeletelve

1 paradicsom, finomra szeletelve

½ csésze menta levelek

Bibb vagy római saláta levelek

1. Keverje össze az öntet összes hozzávalóját egy turmixgépben, és addig dolgozza, amíg jól el nem keveredik; félretesz, mellőz.
2. Ízesítsük a steaket sóval és borssal. Forró tűzön grillezzük közepesen ritka (vagy ízlés szerint). Tegye át a steaket egy tálra, fedje le alufóliával, és hagyja pihenni 5-10 percig, mielőtt faragná.
3. Szeletelje fel a marhahúst a szemeken keresztül vékony szeletekre.
4. Tegye a marhaszeleteket, a tányérból származó levet és a saláta többi hozzávalóját, kivéve a salátát, egy nagy keverőtálba. Adjuk hozzá az öntetet, és dobjuk a bevonatba.

5. A tálaláshoz helyezzen salátaleveleket az egyes tányérokra, és halmozza a marhahús keveréket a saláta tetejére.

Fűszeres garnélarák saláta

A chili szósz melege kijátssza a lime és a menta friss ízét ebben az emlékezetes salátában. A legjobb az egészben, hogy egy csipetben összeáll.

2-4

∼

Hozzávalók

Az öltözködéshez:

3 evőkanál cukor

4 evőkanál halszósz

1/3 csésze limelé

2 evőkanál elkészített chili szósz

A salátához:

3/4 font főtt garnélarák

1/4 csésze menta, apróra vágva

1 kis vöröshagyma, vékonyra szeletelve

2 zöldhagyma apróra vágva és vékonyra szeletelve

2 uborka meghámozva és vékonyra szeletelve

Bibb saláta levelek

1. Egy kis tálban keverjük össze az öntet összes hozzávalóját. Addig keverjük, amíg a cukor teljesen fel nem oldódik.

2. Egy nagy tálban keverje össze a saláta összes összetevőjét, kivéve a salátát. Ráöntjük az öntetet, és bevonjuk.

3. Tálaláskor a salátaleveleket külön tányérokra helyezzük. A ráksaláta egy részét halmozzuk a levelek tetejére. Azonnal tálaljuk.

Édes-savanyú uborkasaláta

Ez az ajaksimító recept valójában egy gyors pácolás; hogy az ízek felerősödjenek, hagyd még tovább a hűtőben!

2-4

∽

Hozzávalók

5 evőkanál cukor

1 teáskanál só

1 csésze forrásban lévő víz

½ csésze rizs vagy fehér ecet

2 közepes uborka kimagozva és felszeletelve

1 kisebb vöröshagyma, szeletelve

2 thai chili kimagozva és darálva

1. Egy kis tálban keverjük össze a cukrot, a sót és a forrásban lévő vizet. Keverjük össze, hogy a cukor és a só alaposan feloldódjon. Adjuk hozzá az ecetet, és hagyjuk a vinaigrettet szobahőmérsékletre hűlni.

2. Az uborkát, a hagymaszeleteket és a chilipaprikát egy közepes méretű tálba tesszük. Az öntetet a

zöldségekre öntjük. Fedjük le, és hagyjuk pácolódni a hűtőben legalább egy éjszakán át.

Zavaros dinnye saláta

Kiemelkedő nyári étel, párosítsd grillezett hússal és egy hűtött sós tésztaételhez egy lenyűgöző thai vacsorához, amelyet a szabadban fogyaszthatsz el.

4-6

Hozzávalók

6 csésze válogatott dinnyekocka

2 uborka meghámozva, félbevágva, kimagozva és felszeletelve

6-8 evőkanál limelé

1 lime héja

¼ csésze méz

1 serrano chili kimagozva és darálva (a csípősebb salátához hagyd benne a magokat)

¼ teáskanál só

1. Egy nagy keverőtálban keverjük össze a dinnyét és az uborkát.

2. A többi hozzávalót egy kis tálban összekeverjük. Ráöntjük a gyümölcsre, és jól átforgatjuk, hogy bevonja.

3. Azonnal tálaljuk, vagy ha ízletesebb ízt szeretne, hagyja állni a salátát 2 órán keresztül, hogy a chili íze kialakuljon.

Forró és savanyú marhahús

Sötét édes szójaszósz, amely melaszt tartalmaz, kifejezetten más ízt ad ennek az ételnek, ezért álljon ellen annak a késztetésnek, hogy hagyományos szójával helyettesítse, amely nem olyan gazdag és sokkal sósabb.

1-2

Hozzávalók

1 evőkanál limelé

1 evőkanál halszósz

1 evőkanál sötét, édes szójaszósz

3 evőkanál hagyma, apróra vágva

1 teáskanál méz

1 teáskanál szárított chili por

1 zöldhagyma apróra vágva és vékonyra szeletelve

1 teáskanál koriander, apróra vágva

1 1/2 kilós hátszín steak

Só és bors ízlés szerint

1. Készítse el a szószt az első nyolc összetevő alapos kombinálásával; félretesz, mellőz.

2. Sózzuk és borsozzuk a steaket, majd grillezzük vagy süssük készre. Vegyük le a steaket a grillről, fedjük le alufóliával, és hagyjuk 5-10 percig pihenni.

3. Vékonyan szeletelje fel a steaket, vágja át a szemeket.

4. Rendezd el a darabokat egy tálra vagy 1 vagy 2 tányérra. A szószt a tetejére kanalazzuk. Rizzsel és mellékzöldséggel tálaljuk.

Sült marhahús mentával

Reggel tedd ki a rizst a lassú tűzhelybe, és percek alatt az asztalon vacsorázhatsz ezzel a gyors, egyszerű és tömeget tetsző rántással.

4-6

Hozzávalók

7-14 (ízlés szerint) serrano chili kimagozva és durvára vágva

¼ csésze fokhagyma, apróra vágva

¼ csésze sárga vagy fehér hagyma, apróra vágva

¼ csésze növényi olaj

1 kilós oldalszelet, vékony csíkokra szeletelve

3 evőkanál halszósz

1 evőkanál cukor

½– 3/4 csésze víz

½ csésze mentalevél, apróra vágva

1. Mozsártörővel vagy robotgéppel őrölje össze a chilit, a fokhagymát és a hagymát.
2. Melegítsük fel az olajat közepesen magas lángon egy wokban vagy egy nagy serpenyőben. Adjuk hozzá az

őrölt chilis keveréket az olajhoz, és kevergetve pirítsuk 1-2 percig.

3. Hozzáadjuk a marhahúst, és kevergetve addig sütjük, amíg éppen barnulni nem kezd.

4. Hozzáadjuk a többi hozzávalót, a víz mennyiségét attól függően, hogy milyen sűrűre szeretnénk a szószt.

5. Tálaljuk bő jázmin rizzsel.

Sertéshús fokhagymával és fekete borssal

Ha nem rendelkezik ilyennel, fektessen be egy mozsárba és egy olyan eszközbe, amely megkönnyíti a fokhagyma pépesítését ebben a receptben, és lehetővé teszi, hogy intenzív ízeket szabadítson fel a gyógynövényekből és fűszerekből.

2-t szolgál ki

Hozzávalók

10-20 gerezd fokhagyma, pépesítve

2–2 1/2 teáskanál fekete bors, durvára őrölve

4 evőkanál növényi olaj

1 sertés szűzpecsenye, minden zsiradéktól megtisztítva és körülbelül 1/4 hüvelyk vastag medalionokra vágva

1/4 csésze édes fekete szójaszósz

2 evőkanál barna cukor

2 evőkanál halszósz

1. Helyezze a fokhagymát és a fekete borsot egy kis robotgépbe, és rövid ideig dolgozza fel, hogy durva pasztát kapjon; félretesz, mellőz.

2. Melegítsük fel az olajat egy wokban vagy egy nagy serpenyőben közepesen magas lángon. Amikor az olaj felforrósodott, hozzáadjuk a fokhagymás-borsos pépet, és kevergetve addig pirítjuk, amíg a fokhagyma aranyszínűvé nem válik.

3. Emelje fel a hőt magasra, és adja hozzá a sertésmedálokat; kevergetve 30 másodpercig sütjük.

4. Adjuk hozzá a szójaszószt és a barna cukrot, keverjük addig, amíg a cukor fel nem oldódik.

5. Adjuk hozzá a halszószt, és főzzük tovább, amíg a sertéshús megpuhul, körülbelül további 1-2 percig.

Fahéjas marhahús

A fahéjról kimutatták, hogy pozitív hatással van a koleszterinre és a 2-es típusú cukorbetegségre. Gyulladáscsökkentő tulajdonságokkal is rendelkezik, így fűszerezze a marhahúst, és közben egészségügyi előnyökkel jár!

4-et szolgál ki

∽

Hozzávalók

1 1/2 liter víz

2 evőkanál cukor

2 egész csillagánizs

5 evőkanál szójaszósz

1 gerezd fokhagyma, összetörve

2 evőkanál édes szójaszósz

1 (2 hüvelykes) darab fahéjrúd

5 szál koriander

1 zellerszár, szeletelve

1 font marha hátszín, minden zsírtól megtisztítva és 1 hüvelykes kockákra vágva

1 babérlevél

1. Helyezze a vizet egy nagy fazékba, és forralja fel. Csökkentse a hőt alacsonyra, és adja hozzá a többi hozzávalót.

2. Pároljuk, ha szükséges, még több vizet adunk hozzá, legalább 2 órán át, vagy amíg a marhahús teljesen megpuhul. Ha lehetséges, hagyjuk a párolt marhahúst egy éjszakán át a hűtőszekrényben állni.

3. Tálaláskor tésztát vagy rizst tegyünk 4 levesestál aljába. Adjunk hozzá marhahúsdarabokat, majd öntsük le a levest. Ízlés szerint megszórjuk apróra vágott korianderrel vagy szeletelt zöldhagymával. A marhahúshoz mártogatósként adjon egy választott ecetes-chilis szószt.

Gyömbéres csirke

A frissen reszelt gyömbér mindig ideális választás a thai konyha legfényesebb ízéhez, de gyökereinek élettartamát végtelenségig meghosszabbíthatja, ha meghámozzuk, feldaraboljuk és vodkába merítjük.

2-t szolgál ki

Hozzávalók

2 evőkanál halszósz

2 evőkanál sötét szójaszósz

2 evőkanál osztrigaszósz

3 evőkanál növényi olaj

1 evőkanál fokhagyma, apróra vágva

1 egész csontos, bőr nélküli csirkemell, falatnyi darabokra vágva

1 csésze szeletelt hazai gomba

3 evőkanál reszelt gyömbér

csipetnyi cukor

3 evőkanál hagyma, apróra vágva

2-3 habanero vagy madárszem chili

Jázmin rizs, a csomagolási utasítás szerint főzve

3 zöldhagyma vágva és 1 hüvelykes darabokra vágva

Ízlés szerint koriander

1. Egy kis tálban keverjük össze a hal-, szója- és osztrigaszószokat; félretesz, mellőz.

2. Melegítsük fel az olajat egy nagy wokban nagyon forróra. Adjuk hozzá a fokhagymát és a csirkét, és kevergetve addig sütjük, amíg a csirke színe el nem kezd változni.

3. Hozzáadjuk a fenntartott szószt, és állandó keverés mellett addig főzzük, amíg el nem kezd forrni.

4. Adjuk hozzá a gombát, a gyömbért, a cukrot, a hagymát és a chilit; pároljuk, amíg a csirke meg nem fő, körülbelül 8 percig.

5. A tálaláshoz merítse a csirkét a jázminrizsre, és tegye meg zöldhagymával és korianderrel.

Bazsalikom csirke

Egy merészebb ízű ételhez az édes bazsalikom helyett használjon thai bazsalikomot (amely lila száráról azonosítható). Ebben a fajtában az édesgyökér, a fahéj és a menta ízeit és aromáit fogja érezni.

4-et szolgál ki

Hozzávalók

2 evőkanál halszósz

1 1/2 evőkanál szójaszósz

1 evőkanál vizet

1 1/2 teáskanál cukor

2 egész csont nélküli, bőr nélküli csirkemell, 1 hüvelykes kockákra vágva

2 evőkanál növényi olaj

1 nagy vöröshagyma, vékony szeletekre vágva

3 thai chili kimagozva és vékonyra szeletelve

3 gerezd fokhagyma, felaprítva

1 1/2 csésze apróra vágott bazsalikomlevél, osztva

1. Egy közepes méretű tálban keverjük össze a halszószt, a szójaszószt, a vizet és a cukrot. Adjuk hozzá a csirkekockákat, és keverjük bevonni. 10 percig hagyjuk pácolódni.

2. Egy nagy serpenyőben vagy wokban hevítsünk olajat közepesen magas lángon. Hozzáadjuk a hagymát, és kevergetve 2-3 percig pirítjuk. Adjuk hozzá a chilit és a fokhagymát, és főzzük tovább további 30 másodpercig.

3. Egy lyukas kanál segítségével vegyük ki a csirkét a pácból, és tegyük a serpenyőbe (tartsuk le a pácot.) Kevergetve pirítsuk majdnem készre, körülbelül 3 perc alatt.

4. Adjuk hozzá a fenntartott pácot, és főzzük további 30 másodpercig. Vegyük le a serpenyőt a tűzről, és keverjünk bele 1 csésze bazsalikomot.

5. A maradék bazsalikommal díszítjük, rizzsel tálaljuk.

Csirke fekete borssal és fokhagymával

Ha elkészíti ezt a receptet a családja számára, nagyszerű módja annak, hogy gyengéden megismertesse őket a thai ízekkel. Tálaljuk jázmin rizs és néhány apró darab friss mangó mellé, hogy igazán megnyerjük őket!

4-6

Hozzávalók

1 evőkanál egész fekete bors

5 gerezd fokhagyma, félbevágva

2 kiló csont nélküli, bőr nélküli csirkemell, csíkokra vágva

1/3 csésze halszósz

3 evőkanál növényi olaj

1 teáskanál cukor

1. Mozsártörővel vagy konyhai robotgéppel keverje össze a fekete borsot a fokhagymával.

2. Helyezze a csirkecsíkokat egy nagy keverőtálba. Adjuk hozzá a fokhagymás-borsos keveréket és a halszószt, és keverjük össze.

3. Fedjük le a tálat, tegyük hűtőbe, és hagyjuk 20-30 percig pácolódni.

4. Melegítsük fel a növényi olajat közepes lángon egy wokban vagy serpenyőben. Amikor felforrósodott, adjuk hozzá a csirkemeveréket, és kevergetve süssük készre, körülbelül 3-5 percig.

5. Keverjük hozzá a cukrot. Adjon hozzá további cukrot vagy halszószt ízlés szerint.

Kókuszos-chilis csirke

Felejtsd el a thai ételt! Amikor ezt a semmiből készíti el saját konyhájában, teljesen új dimenziót kap. A trópusok íze miatt az összetevők e keverékét nem lehet legyőzni.

2-3

⁓

Hozzávalók

2-4 serrano chili, szárát és magját eltávolítjuk

1 szál citromfű, belső része durvára vágva

2 (2 hüvelyk hosszú, 1/2 hüvelyk széles) lime héjcsík

2 evőkanál növényi olaj

1/2 csésze kókusztej

1 egész csontos, bőr nélküli csirkemell, vékony csíkokra vágva

2-4 evőkanál halszósz

10-15 bazsalikomlevél

1. Tegye a chilit, a citromfüvet és a lime héját aprítógépbe, és dolgozza fel darálásig.

2. Melegítsük fel az olajat közepesen magas lángon egy wokban vagy egy nagy serpenyőben. Adjuk hozzá a chilis keveréket, és pároljuk 1-2 percig.

3. Hozzákeverjük a kókusztejet és 2 percig főzzük.

4. Adjuk hozzá a csirkét, és főzzük, amíg a csirke megpuhul, körülbelül 5 percig.

5. Csökkentse a hőt alacsonyra, és ízlés szerint adjuk hozzá a halszószt és a bazsalikomleveleket.

6. Tálaljuk bő jázmin rizzsel.

Lime-gyömbér filé

Ez a vacsora rengeteg tápanyagot és ízt tartalmaz anélkül, hogy megterhelné az elkészítést. A világos-pelyhes filé esetében ügyeljen a brojlerre, nehogy túlsüljön.

2-4

Hozzávalók

4 evőkanál sótlan vaj, szobahőmérsékleten

2 teáskanál lime héja

½ teáskanál őrölt gyömbér

½ teáskanál só

4 halfilé, például fehérhal, süllő vagy csuka

Só és frissen őrölt fekete bors

1. A brojlert előmelegítjük.

2. Egy kis tálban alaposan keverje össze a vajat, a lime héját, a gyömbért és a 1/2 teáskanál sót.

3. A filéket enyhén sózzuk, borsozzuk, és sütőpapíros tepsire tesszük.

4. 4 percig pirítjuk. Minden filét megkenünk egy kis lime-gyömbéres vajjal, és tovább sütjük 1 percig, vagy amíg a hal ízlésünk szerint megsül.

Gyors ázsiai grillezett hal

Ha aggódik a fenntarthatóság miatt, érdemes megfontolni a halak forrását. A The Environmental Defense Fund szerint a makréla a legjobb választás, ezt követi a fekete tengeri sügér; A chilei tengeri sügér az „öko-legrosszabb" listán szerepel.

4-6

∽

Hozzávalók

1 egész hal, például tengeri sügér vagy makréla, megtisztítva

4 evőkanál koriander, apróra vágva

3 evőkanál apróra vágott fokhagyma, osztva

1 teáskanál frissen őrölt fekete bors

3 evőkanál limelé

1 evőkanál jalapeño chili paprika, szeletelve

2 teáskanál barna cukor

1. Gyorsan öblítse le a halat hideg víz alatt. Papírtörlővel töröljük szárazra. Helyezze a halat egy nagy alufóliára.

2. Tegye a koriandert, 2 evőkanál fokhagymát és a fekete borsot egy konyhai robotgépbe, és dolgozza fel sűrű masszává.

3. Dörzsölje be a masszával az egész halat, kívül és belül egyaránt. Csomagolja be szorosan a halat a fóliába.

4. A szósz elkészítéséhez tedd a maradék fokhagymát, a lime levét, a jalapenót és a barna cukrot aprítógépbe, és keverd össze.

5. Helyezze a halat egy előkészített grillre, és süsse oldalanként 5-6 percig, vagy amíg a hús átlátszatlan nem lesz, ha kés hegyével átszúrja.

6. A halat a szósszal tálaljuk.

Seafood Stir-Fry

A friss halat semmi sem éri el, de költséghatékony, ha kedvenceit akciósan fel kell tölteni, lefagyasztani, és kiszaggatni, ha megkívánja ezt az ízletes rántást.

2-4

◌◠◡

Hozzávalók

3 evőkanál növényi olaj

3 teáskanál fokhagyma apróra vágva

2 medvehagyma, apróra vágva

1 szál citromfű, zúzódott

¼ csésze bazsalikom, apróra vágva

1 doboz bambuszrügy, leöblítve és lecsepegtetve

3 evőkanál halszósz

Csipet barna cukor

1 font friss garnélarák, tengeri herkentyűk vagy más tenger gyümölcsei, megtisztítva

Rizs, a csomagolási utasítás szerint főzve

1. Serpenyőben vagy wokban erős lángon felhevítjük az olajat. Adjuk hozzá a fokhagymát, a medvehagymát, a citromfüvet és a bazsalikomot, és pároljuk 1-2 percig.

2. Csökkentse a hőt, adjuk hozzá a többi hozzávalót, és kevergetve süssük addig, amíg a tenger gyümölcsei ízlésünk szerint elkészülnek, körülbelül 5 percig.

3. Rizzsel tálaljuk.

Bazsalikom Fésűkagyló

A kaffir lime levelei minden thai ételnek egyedi virágjegyet kölcsönöznek. Ha nem találja őket, használhatja a lime héj és a babérlevél kombinációját szoros helyettesítésre.

2-4

~

Hozzávalók

2 evőkanál növényi olaj

3 gerezd fokhagyma apróra vágva

3 kaffir lime levél, juliened

½ kilós öbölfésűkagyló, megtisztítva

1 (14 uncia) konzerv gomba szalmával lecsepegtetve

¼ csésze bambuszrügy, aprítva

3 evőkanál osztrigaszósz

15-20 friss bazsalikomlevél

1. Wokban vagy serpenyőben hevítsük fel az olajat. Adjuk hozzá a fokhagymát és a lime leveleket, és kevergetve pirítsuk illatig, körülbelül 15 másodpercig.

2. Adjuk hozzá a kagylót, a gombát, a bambuszrügyet és az osztrigaszószt; kevergetve tovább sütjük körülbelül 4-5 percig, vagy amíg a tengeri herkentyűk ízlésed szerint elkészülnek.

3. Belekeverjük a bazsalikomleveleket és azonnal tálaljuk.

Vegetáriánus keverősütik

Használja ezeket a zöldségeket vagy más zöldségeket, attól függően, hogy mi van kéznél, de ne szárnyalja el a szósz elkészítését – ez az, amitől olyan ínycsiklandóan finom.

4-6 főételként szolgál

Hozzávalók

1-2 evőkanál növényi olaj

2 csésze falatnyi tofu darab

2 evőkanál fokhagyma, darált

2 evőkanál reszelt gyömbér

4 evőkanál thai chili, kimagozva és felszeletelve

4 evőkanál szójaszósz

2 evőkanál sötét, édes szójaszósz

1 kisebb hagyma, szeletelve

¼ csésze hóborsó

¼ csésze zeller, vékonyra szeletelve

¼ csésze víz gesztenye

¼ csésze falatnyi darabok paprika

¼ csésze gomba, szeletelve

¼ csésze karfiol virágok

¼ csésze brokkoli virágok

¼ csésze spárga tippeket

1 evőkanál kukoricakeményítő kevés vízben feloldva

¼ csésze babcsíra

Rizs, a csomagolási utasítás szerint főzve

1. Melegítsünk fel 1 evőkanál olajat egy nagy serpenyőben vagy wokban közepes-magas lángon. Adjuk hozzá a tofut és pirítsuk aranybarnára. Tegye át a tofut papírtörlőre, hogy lecsepegjen.

2. Adjon hozzá további olajat a serpenyőbe, ha szükséges, és keverje meg a fokhagymát, a gyömbért és a chilit, hogy felszabadítsa illatát, körülbelül 2-3 percig. Keverjük hozzá a szójaszószokat, és emeljük a hőt magasra.

3. Adja hozzá a fenntartott tofut és az összes zöldséget, kivéve a babcsírát; kevergetve 1 percig sütjük.

4. Hozzáadjuk a kukoricakeményítőt, és kevergetve pirítjuk még egy percig, vagy amíg a zöldségek éppen meg nem főnek, és a szósz kissé besűrűsödik.

5. Hozzáadjuk a babcsírát, röviden kevergetve, hogy felmelegedjenek.

6. Rizzsel tálaljuk.

Sült karfiol

Ennél nem sokkal könnyebb! A pác életet lehel a földes karfiolba, és arra ösztönöz, hogy többet fogyassz ebből a tápláló és alulértékelt keresztesvirágú zöldségből.

6-8

∾

Hozzávalók

1 fej karfiol rózsákra törve (ha nagyok, akkor a virágokat félbevágjuk)

½ csésze pác vagy tetszés szerinti szósz

1. Helyezzük a karfiol virágokat egy nagy cipzáras tárolózsákba, és öntsük le páclével; 4-6 órát hűtőben pihentetjük.

2. A sütőt előmelegítjük 500 fokra.

3. A karfiol rózsákat egy tepsibe tesszük. Süssük körülbelül 15 percig, vagy amíg megpuhul, majd 7-8 perc múlva fordítsuk meg.

Thai stílusú sült okra

A tápiókaliszt keményítőtartalmú, enyhén édes, szemmentes fehér liszt, amelyet manióka gyökérből készítenek. Gyakran sűrítőszerként használják, ezért könnyű tésztát kell készíteni ehhez az egyedülálló sült snackhez.

Körülbelül 20 darabot kapunk

Hozzávalók

1/3 csésze univerzális liszt

1/2 csésze tápióka liszt

1 teáskanál sütőpor

1/2 csésze víz

1 kiló kis okra, vágva

1 csésze növényi olaj

1/2 csésze chilis mártogatós öntet

1. Egy közepes méretű keverőtálban keverjük össze a liszteket, a szódabikarbónát és a vizet, hogy tésztát kapjunk. Adjuk hozzá az okra darabokat.

2. A növényi olajat serpenyőben vagy wokban nagy lángon felhevítjük. (Elég forrónak kell lennie ahhoz, hogy egy próbatészta azonnal felfújjon.)

3. Adjuk hozzá a felvert okrát, egyenként, és pirítsuk aranybarnára.

4. Vágott kanál segítségével távolítsuk el az okrát papírtörlőre, hogy lecsepegjen.

5. Forrón tálaljuk kedvenc chilis mártogatós szósszal.

Rántott csípős borsó és babcsíra

Kóstolja meg ennek a hamisítatlan ételnek a ropogós, friss ízét, amely jól párosul jázminos barna rizzsel és darált földimogyoróval vegetáriánus előételhez.

4-6

~

Hozzávalók

2 evőkanál növényi olaj

1 kis hagyma, vékonyra szeletelve

1 (1 hüvelyk) darab gyömbér, meghámozva és felaprítva

Csipet fehér bors

1 evőkanál szójaszósz

½ kilós cukorborsó, levágva

1 font babcsíra, alaposan öblítse le, és ha szükséges, vágja le

Só és cukor ízlés szerint

1. Melegítse fel a növényi olajat közepesen magas lángon egy nagy serpenyőben.

2. Adjuk hozzá a hagymát és a gyömbért, és pirítsuk 1 percig.

3. Hozzákeverjük a fehérborsot és a szójaszószt.

4. Hozzáadjuk a cukros borsót, és folyamatos keverés mellett 1 percig főzzük.

5. Hozzáadjuk a babcsírát, és folyamatos kevergetés mellett még 1 percig főzzük.

6. Adjon hozzá legfeljebb 1/2 teáskanál sót és egy nagy csipet cukrot a szósz egyensúlyának beállításához. Azonnal tálaljuk.

Pad Thai

Thaiföldön ezt a mindenütt megtalálható ételt könnyű ételként fogyasztják, és az éjszakai piacok kedvence. Egy potenciálisan ismeretlen összetevő itt a Tamarind koncentrátum, amely egy Afrikában őshonos fa hüvelyéből származik, de ma már többnyire Indiában termesztik.

2-4

~

Hozzávalók

8 uncia rizstészta

2 evőkanál növényi olaj

5-6 gerezd fokhagyma apróra vágva

2 evőkanál medvehagyma, apróra vágva

½ csésze főtt saláta garnélarák

¼ csésze halszósz

¼ csésze barna cukor

6-8 teáskanál tamarind koncentrátum

¼ csésze metélőhagyma, apróra vágva

½ csésze pörkölt földimogyoró, apróra vágva

1 közepes tojás, felvert

1 csésze babcsíra

Díszít:

1 evőkanál limelé

1 evőkanál tamarind koncentrátum

1 evőkanál halszósz

½ csésze babcsíra

½ csésze metélőhagyma, apróra vágva

½ csésze pörkölt földimogyoró, durvára őrölve

1 lime szeletekre vágva

1. Áztassa a tésztát szobahőmérsékletű vízben 30 percig, vagy amíg megpuhul. Lecsepegtetjük és félretesszük.

2. Melegítsük fel a növényi olajat egy wokban vagy serpenyőben közepesen magas lángon. Hozzáadjuk a fokhagymát és a medvehagymát, és rövid ideig kevergetve pirítjuk, amíg el nem kezdi megváltoztatni a színét.

3. Adjuk hozzá a félretett tésztát és a többi hozzávalót, kivéve a tojást és a babcsírát, és kevergetve pirítsuk forróra.

4. Folyamatos keverés közben lassan csurgatjuk bele a felvert tojást.

5. Adjuk hozzá a babcsírát, és főzzük legfeljebb további 30 másodpercig.

6. Egy kis tálban keverjük össze a köret összes hozzávalóját, kivéve a lime szeleteket.

7. Tálaláshoz helyezze el a Pad Thait egy tálra. A tetejét megkenjük a körettel, és körítsük lime-karikákkal.

Serpenyőben sült tészta

Ez a ropogós étel tökéletes ágy pácolt húsokhoz vagy párolt zöldségekhez. Állítsd be a chilis-fokhagymás pépet aszerint, hogy mennyi ízt szeretnél belepakolni!

6-8

∽

Hozzávalók

¾font friss lo mein tésztát vagy angyalhaj tésztát

¼csésze darált metélőhagyma

2 evőkanál (vagy ízlés szerint) elkészített chilis-fokhagymás paszta

3 evőkanál növényi olaj, osztva

Só ízlés szerint

1. Főzzük a tésztát egy nagy edényben legfeljebb 2-3 percig. Lecsepegtetjük, hideg víz alatt leöblítjük, majd ismét lecsepegtetjük.

2. Adja hozzá a metélőhagymát, a chili pasztát, 1 evőkanál olajat és sót a tésztához; dobd a bevonatba, és igazítsd hozzá a fűszereket.

3. Egy vastag fenekű, 10 hüvelykes serpenyőben melegítse fel a maradék olajat közepesen magas lángon. Amikor felforrt, egyenletesen elosztva hozzáadjuk a tésztás keveréket. A tésztát egy spatula hátával nyomkodjuk a serpenyőbe. Körülbelül 2 percig főzzük. Csökkentse a hőt és főzzük tovább, amíg a tészta szép barnára nem válik. Fordítsd meg a tésztát 1 darabban. Folytassa a főzést, amíg meg nem pirul, ha szükséges, adjon hozzá további olajat.

4. Tálaláskor a tésztát szeletekre vágjuk.

Vegetáriánus szezám tészta

Bár használhatunk hagyományos tojásos tésztát is, határozottan más ételt kapunk, ha ázsiai tojásos tésztát keresünk, amely nem széles és lapos, hanem vékony és kicsit sűrűbb.

2-4

Hozzávalók

2 evőkanál növényi olaj

2 gerezd fokhagyma, felaprítva

2 csésze brokkoli, falatnyi darabokra vágva

1 piros kaliforniai paprika kimagozva és csíkokra vágva

2 evőkanál vizet

8 uncia tojásos tészta

4 uncia tofu, falatnyi kockákra vágva

1 evőkanál szezámolaj

2-3 evőkanál szójaszósz

2-3 evőkanál elkészített chili szósz

3 evőkanál szezámmag

1. Melegítsük fel az olajat egy nagy serpenyőben vagy wokban közepes lángon. Adjuk hozzá a fokhagymát, és pirítsuk aranybarnára, körülbelül 2 perc alatt.

2. Adjuk hozzá a brokkolit és a piros kaliforniai paprikát, és kevergetve pirítsuk 2-3 percig. Adjuk hozzá a vizet, fedjük le, és pároljuk a zöldségeket puhára, körülbelül 5 percig.

3. Forraljunk fel egy nagy fazék vizet. Adjuk hozzá a tésztát és főzzük al dente; csatorna.

4. Amíg a tészta fő, a többi hozzávalót hozzáadjuk a brokkolis keverékhez. Levesszük a tűzről, hozzáadjuk a tésztát, és összeforgatjuk.

Virágos lime tészta

A thai és olasz ízek hibridje énekel ebben az egyedülálló ételben. Az ehető virágok, mint például a nasturtium és a Johnny Jump-Ups könnyen termeszthetők, és gyakran kaphatók a helyi farmon.

4-et szolgál ki

Hozzávalók

8 uncia angyalhaj tészta

1 evőkanál sós vaj

2-3 evőkanál limelé

4 uncia reszelt parmezán sajt

Rózsaszirom vagy más bio ehető virág

Lime szeleteket

Fekete bors

1. Forraljunk fel egy nagy fazék vizet nagy lángon. Adjunk hozzá tésztát és főzzük meg a csomagoláson található utasítások szerint; csatorna.

2. Dobd meg a tésztát vajjal, lime levével és parmezánnal.

3. Tálaláskor rózsa- vagy virágszirmokkal és lime szeletekkel díszítjük. Adjon fekete borsot az asztalra.

Brokkolis tészta fokhagymával és szójával

Egy kiadósabb ételhez adj még több kedvenc zöld zöldséget és egy vékonyra szeletelt csirkemellet a pörkölthöz. (Csak ne felejtse el ennek megfelelően növelni a szósz hozzávalóit!)

2-4

∽

Hozzávalók

1 kiló brokkoli, falatnyi virágokra vágva

16 uncia rizstészta

1-2 evőkanál növényi olaj

2 gerezd fokhagyma, felaprítva

2 evőkanál szójaszósz

1 evőkanál édes szójaszósz

1 evőkanál cukor

Csípős szósz

Hal szósz

Lime ékek

1. Forraljunk fel egy fazék vizet nagy lángon. Dobd bele a brokkolit és blansírozd puhára, vagy tetszés szerint. Lecsepegtetjük és félretesszük.

2. Áztassa a rizstésztát forró vízbe, amíg puha, körülbelül 10 perc.

3. Egy nagy serpenyőben melegítsük fel a növényi olajat közepes fokozaton. Adjuk hozzá a fokhagymát, és kevergetve pirítsuk aranybarnára. Adjuk hozzá a szójaszószt és a cukrot, keverjük addig, amíg a cukor teljesen fel nem oldódik.

4. Adja hozzá a fenntartott tésztát, és addig keverje, amíg jól be nem vonja a szószt. Hozzáadjuk a brokkolit, és bevonjuk.

5. Azonnal tálaljuk csípős szósszal, halszósszal és lime-szeletekkel az oldalára.

Alap ragadós rizs

Thaiföldön ezt az alapvető ételt nagy tölcsérekben párolják; itt egy gőzölő kosarat fogsz használni. Bármely ázsiai piacon megtalálható, "édes rizsnek", "mochi rizsnek" vagy "ragadós rizsnek" is nevezik.

2-4

∾

Hozzávalók

1 csésze nyálkás rizs

Víz

1. Tegye a rizst egy tálba, teljesen öntse le vízzel, és hagyja ázni egy éjszakán át. Használat előtt csepegtesse le.

2. Béleljen ki egy párolókosarat vagy szűrőedényt megnedvesített sajtkendővel. (Ez megakadályozza, hogy a rizsszemek kiessenek a szűrőedény lyukain.)

3. A rizst a lehető legegyenletesebben oszlassuk el a sajtkendőn.

4. Forraljunk fel egy serpenyőben vizet fedővel. Helyezze a kosarat a forrásban lévő víz fölé, ügyelve arra, hogy az alja ne érjen hozzá a vízhez. Fedjük le szorosan és hagyjuk 25 percig gőzölni.

Távol-keleti sült rizs

Válaszd a vegetáriánus halszószt, és ejtsd le a tojást a vegán változat elkészítéséhez. Vagy tegye húsossá a felaprított maradék csirke- vagy marhahús hozzáadásával. A variációk végtelenek!

4-6

∽

Hozzávalók

2 evőkanál halszósz

1 1/2 evőkanál rizsecet

2 evőkanál cukor

2 1/2 evőkanál növényi olaj

2 tojás, felvert

1 csokor zöldhagyma apróra vágva és vékonyra szeletelve

2 evőkanál fokhagyma, darált

1 teáskanál szárított piros chili paprika pehely

2 nagy sárgarépa, meghámozva és durvára aprítva

2 csésze babcsíra, szükség szerint vágva

5 csésze napos hosszú szemű fehér rizs, csomók feltörve

1/4 csésze menta vagy korianderlevél, apróra vágva

¼ csésze pörkölt földimogyoró, apróra vágva

1. Keverje össze a halszószt, a rizsecetet és a cukrot egy kis tálban; félretesz, mellőz.

2. Egy wokban vagy egy nagy serpenyőben hevítsük fel az olajat közepesen magas lángon. Adjuk hozzá a tojást, és kevergetve pirítsuk rántásra.

3. Adjuk hozzá a zöldhagymát, a fokhagymát és a paprikapelyhet, és kevergetve pirítsuk tovább 15 másodpercig, amíg illatos lesz.

4. Adjuk hozzá a sárgarépát és a babcsírát; kevergetve addig sütjük, amíg a sárgarépa puhulni kezd, körülbelül 2 percig.

5. Adjuk hozzá a rizst, és főzzük 2-3 percig, vagy amíg át nem melegszik.

6. Keverjük hozzá a halszószos keveréket, és adjuk hozzá a sült rizst, és keverjük, amíg egyenletes bevonat nem lesz.

7. Tálaláskor díszítse a rizst apróra vágott mentával vagy korianderrel és apróra vágott mogyoróval.

Gyömbér rizs

A friss gyömbérgyökér édes, fűszeres íze megmarad, és egyre bonyolultabbá válik, amint hagyják, hogy ételt készítsenek belőle. Felébreszti az ízlelőbimbóit, és segít növelni az energiát!

4-6

∽

Hozzávalók

2 evőkanál növényi olaj

1 (1/2 hüvelyk) darab gyömbérgyökér, meghámozva és vékonyra szeletelve

1 szál citromfű karikákra szeletelve (csak puha belső rész)

2-3 zöldhagyma, karikákra vágva

1 piros chili paprika kimagozva és darálva

1 1/2 csésze hosszú szemű rizs

Csipet barna cukor

Csipet só

1/2 lime leve

2 3/4 csésze víz

1. Egy közepes méretű fazékban közepes lángon hevítsük fel az olajat. Adjuk hozzá a gyömbérgyökeret, a citromfüvet, a zöldhagymát és a chili paprikát; 2-3 percig pároljuk.

2. Adjuk hozzá a rizst, a barna cukrot, a sót és a lime levét, és pirítsuk tovább további 2 percig. Adjuk hozzá a vizet az edényhez, és forraljuk fel.

3. Csökkentse a hőt, fedje le szorosan záródó fedéllel, és párolja 15-20 percig, amíg a folyadék felszívódik.

Trópusi kókusz rizs

A rizs sok thai desszert alapját képezi, és ez sincs másképp. A kókusz és a gyümölcsök, például az ananász, a mangó, a banán vagy a guava kombinációja krémessé és édeské teszi.

6-8

Hozzávalók

2 csésze rövid szemű rizs

2 csésze víz

1 csésze kókuszkrém

¼csésze pirított kókusz (lásd oldalsáv)

½csésze finomra vágott trópusi gyümölcs, amelyet választott

1. A rizst, a vizet és a kókuszkrémet egy közepes méretű serpenyőbe tesszük, és jól összekeverjük. Közepes-magas lángon felforraljuk. Csökkentse a hőt, és fedje le szorosan záródó fedéllel. Főzzük 15-20 percig, vagy amíg az összes folyadék felszívódik.

2. 5 percig pihentetjük a rizst a tűzről.

3. A rizst bolyhosítjuk, és belekeverjük a pirított kókuszt és a gyümölcsöt.

Mango Fool

A bolond általában kemény tejszínhab és gyümölcspüré kombinációja. A gyümölcsöt alig hajtjuk bele a krémbe, enyhe csíkokat hagyva. Ez a felnőtt „puding" egyszerű, könnyű és igazi élvezet.

4-6

~

Hozzávalók

2 érett mangó, meghámozva és a magjából kivágva

2 evőkanál limelé

¼ csésze cukor

1 csésze nehéz tejszín

1 evőkanál cukrászcukor

Kristályos gyömbér (opcionális)

Mentalevél (opcionális)

1. A mangót a lime levével és a cukorral robotgépbe tesszük. Püré simára.

2. Egy nagy tálban verjük kemény habbá a tejszínt a cukrászdai cukorral.

3. A mangópürét alaposan beleforgatjuk a kemény krémbe.

4. Ízlés szerint kristályos gyömbérrel vagy menta ágakkal díszített serlegekben tálaljuk.

Görögdinnye jég

Hűtse le a tálaló serlegeket, hogy fagyos hatást érjen el, és ne olvadjon el a jég borotválkozás után. Próbálja ki a különböző örökletes görögdinnyefajtákat, hogy váratlan narancssárga vagy sárga színű jeget kapjon!

6-8

Hozzávalók

⅓ csésze víz

½ csésze cukor

1 (3 kilós) darab görögdinnye, a héját levágjuk, kimagozzuk, és kis kockákra vágjuk (ha kívánjuk, hagyjunk egy kicsit a díszítésre)

1 evőkanál limelé

Menta gallyak (opcionális)

1. Helyezze a vizet és a cukrot egy kis serpenyőbe, és forralja fel. Vegyük le a tűzről, és hagyjuk szobahőmérsékletre hűlni, gyakran kevergetve.

Helyezze a serpenyőt egy jeges tálba, és keverje tovább a szirupot, amíg ki nem hűl.

2. A görögdinnyét, a szirupot és a lime levét tedd turmixgépbe, és pürésítsd simára.

3. A pürét szitán át öntjük egy 9 hüvelykes tepsibe. Fedjük le a serpenyőt alufóliával.

4. Fagyassza le a pürét 8 órán keresztül, vagy amíg meg nem fagy.

5. Tálaláskor a fagyasztott pürét egy villa fogaival kaparjuk ki. A kaparékból szép üvegpoharakba kanalazzuk, és egy kis darab görögdinnyével vagy mentaággyal díszítjük.

Egyszerű thai jeges tea

Thai jeges tea feleannyi idő alatt – mit nem szeretne? Adjon hozzá egy adag tejet vagy sűrített tejet, hogy extra krémes és ízletes legyen.

1 csésze hozama

Hozzávalók

2 evőkanál cukor

1-2 evőkanál thai tealevél

1 csésze forró víz

Jég

1. Tegye a cukrot egy nagy pohárba.
2. Helyezze a tealeveleket egy teagolyóba, és tegye a pohárba.
3. Adjuk hozzá a forró vizet. Hagyja állni, amíg készen nem áll a kívánt erősségig.
4. Keverjük, hogy a cukor feloldódjon, és adjunk hozzá jeget.

Ázsiai sárgarépa rudak

Nincs ötfűszer? Nincs mit! Elkészítheti saját magát, ha a szecsuáni borsot és a csillagánizst (pirítva és fűszerdarálón keresztül) őrölt szegfűszeggel, őrölt fahéjjal és őrölt édesköménymaggal kombinálja.

4-6

∽

Hozzávalók

1 kiló vékony sárgarépa, meghámozva és hosszában negyedekre vágva

4 evőkanál vizet

4 evőkanál olívaolaj

2 gerezd fokhagyma, felaprítva

2 evőkanál rizsecet

1/8–1/4 teáskanál cayenne bors

1/2–1 1/2 teáskanál paprika

1/2–1 teáskanál kínai ötfűszeres por

3 evőkanál koriander, apróra vágva

Só és bors ízlés szerint

1. Helyezze a sárgarépát egy akkora serpenyőbe, hogy kényelmesen elférjen. A sárgarépát felöntjük vízzel, és nagy lángon felforraljuk. A sárgarépát leszűrjük, és visszatesszük a serpenyőbe.

2. Adjuk hozzá a 4 evőkanál vizet, az olívaolajat és a fokhagymát; felforraljuk, lassú tűzön főzzük, és puhára főzzük. Csatorna.

3. Egy kis tálban keverje össze a többi hozzávalót; ráöntjük a sárgarépára, feldobjuk a bevonathoz.

4. Ízlés szerint sózzuk, borsozzuk.

5. A sárgarépa azonnal fogyasztható, de gazdagabb ízű lesz, ha néhány órán át pácoljuk.

Thai stílusú guacamole

Vegyünk egy hagyományos mexikói mártogatóst, adjunk hozzá gyömbért, és ázsiai átalakítást kap. Tálaljuk sült wontonok mellé, hogy teljes legyen a távol-keleti téma.

2 csészét kap

Hozzávalók

2 érett avokádó kimagozva és apróra vágva

4 teáskanál limelé

1 nagy szilvaparadicsom, kimagozva és apróra vágva

1 evőkanál hagyma, apróra vágva

1 kis gerezd fokhagyma, felaprítva

1 teáskanál reszelt lime héj

1 teáskanál reszelt gyömbérgyökér

1 teáskanál serrano vagy jalapeño chili apróra vágva

1-2 evőkanál koriander, apróra vágva

Só és frissen őrölt fekete bors ízlés szerint

1. Helyezze az avokádót egy közepes méretű tálba. Hozzáadjuk a citromlevet és durvára pépesítjük.

2. Adjuk hozzá a többi hozzávalót és óvatosan keverjük össze.

3. 2 órán belül tálaljuk.

Thai csirke saláta

A kínai (vagy napa) káposzta levelei finomabbak és ízesebbek a szájban, mint a hagyományos vörös vagy zöld káposzta. Ha szükséges, helyettesítheti ez utóbbival, de ügyeljen arra, hogy apróra aprítsa, és nehezebb salátára számítson.

4-et szolgál ki

Hozzávalók

Az öltözködéshez:

¼ csésze növényi olaj

2 evőkanál rizsborecet

1 evőkanál szójaszósz

2 teáskanál reszelt gyömbérgyökér

csipetnyi cukor

¼ teáskanál (vagy ízlés szerint) só

A salátához:

2 csésze főtt csirke, apróra vágva

4 uncia hóborsó, vágva

3 zöldhagyma, apróra vágva és felszeletelve

1 csésze babcsíra

1 közepes fej kínai kel, felaprítva

1 evőkanál pirított szezámmag

1. A salátaöntet hozzávalóit egy kis tálba tesszük, és erőteljesen keverjük össze.

2. Egy közepes méretű tálban keverjük össze a csirkét, a hóborsót, a zöldhagymát és a babcsírát. Adjuk hozzá az öntetet, és dobjuk a bevonatba.

3. Tálaláskor a káposztát egy tálra rendezzük. A csirke salátát halmozzuk a káposztára. Díszítsük szezámmaggal.

Mogyorós burgonyasaláta

A földimogyoró és a menta párosítása egy klasszikus thai kombó, amelyet itt nagyszerű eredménnyel használnak. Válassza a teljesen természetes mogyoróvajat, ha zamatosabb ízt szeretne; hagyományos márkák egy csipetnyi édességért.

8-10

∽

Hozzávalók

3 kiló főtt burgonya, meghámozva

1 csésze sózott földimogyoró, durvára vágva, elosztva

1 közepes méretű piros kaliforniai paprika kimagozva és apróra vágva

2 szár zeller, szeletelve

4 zöldhagyma, vágva és felszeletelve

¼ csésze koriander, apróra vágva

¼ csésze menta, apróra vágva

¾ csésze majonéz

¼ csésze mogyoróvaj

3 evőkanál rizsecet

Só és bors ízlés szerint

1. Forraljunk fel egy nagy fazék vizet nagy lángon. Adjuk hozzá a burgonyát és főzzük puhára. Lecsepegtetjük és lehűtjük. 1/2 hüvelykes kockákra vágjuk.

2. Egy nagy tálban keverje össze a burgonyakockákat, a 3/4 csésze földimogyorót, a piros kaliforniai paprikát, a zellert, a zöldhagymát, a koriandert és a mentát.

3. Egy kis tálban keverjük össze a majonézt, a mogyoróvajat és az ecetet. Ízlés szerint sózzuk, borsozzuk.

4. Öntsük az öntetet a burgonyás keverékre, és forgassuk bevonni. Hűtőbe tesszük legalább 1 órára. Tálalás előtt díszítsük a maradék mogyoróval.

Délkelet-ázsiai hamburgerek

Sült okra és gyömbéres rizs mellé tálalva készítsd el az autós étkezés thai változatát!

4-et szolgál ki

Hozzávalók

1 gerezd fokhagyma, felaprítva

3 evőkanál zsemlemorzsa

1 kiló darált marhahús vagy őrölt pulyka

¼ csésze koriander, apróra vágva

¼ csésze bazsalikom, apróra vágva

¼ csésze menta, apróra vágva

2 evőkanál limelé

1 teáskanál cukor (elhagyható)

3 shake Tabasco

1. Egy közepes méretű keverőtálban keverje össze az összes hozzávalót.

2. Kezével óvatosan keverje össze a hozzávalókat, és formáljon 4 pogácsát. Minden pogácsát fűszerezzen sóval és borssal.

3. A pogácsákat ízlés szerint grillezzük, oldalanként körülbelül 5 percig közepesre.

Fűszeres buggyantott csirke

Ha egyszer ennyi ízzel megtölti a baromfit, soha nem akarja másképp főzni. Párolt zöldségekkel és ragacsos rizzsel aprítva tálaljuk, hogy a fűszerek ragyogjanak.

4-6

~

Hozzávalók

1 egész csillagánizs

½ teáskanál egész fekete bors

½ teáskanál egész szegfűszeg

1 (2 hüvelykes) fahéjrúd

1 kardamom hüvely

¼ teáskanál szárított mandarin héja (szárított narancshéj helyettesíthető)

5 csésze víz

¼ csésze könnyű szójaszósz

2 evőkanál cukor

4-6 csont nélküli, bőr nélküli csirkemell

1. A csillagánizst, a szemes borsot, a szegfűszeget, a fahéjrudat, a kardamomhüvelyt, a mandarin héját és a vizet tegyük egy bográcsba. Forraljuk fel a keveréket nagy lángon. Addig forraljuk, amíg az orvvadőr folyadék mennyisége 4 csészére csökken.

2. Keverjük hozzá a szójaszószt és a cukrot. Forraljuk vissza a folyadékot.

3. Hozzáadjuk a csirkemelleket, és lassú tűzön pároljuk. A melleket készre sütjük, körülbelül 20 percig.

Ötfűszeres zöldségek

Itt Ázsia öt íze – sós, forró, édes, savanyú és keserű – megtalálható a szószban. Adjon hozzá egy kevés mézet, ha édesebb mártást szeretne, és kevesebb pirospaprika pehelyt, ha nem akar olyan meleget.

4-et szolgál ki

Hozzávalók

½ csésze narancslé

1 evőkanál kukoricakeményítő

½–3/4 teáskanál kínai ötfűszeres por

¼ teáskanál zúzott pirospaprika pehely

2 evőkanál szójaszósz

2 teáskanál méz

1 evőkanál növényi olaj

1 kiló gomba, szeletelve

1 csésze sárgarépa szelet

1 kis hagyma félbevágva és vékonyra szeletelve

1-2 gerezd fokhagyma, felaprítva

3 csésze brokkoli rózsa

1. Egy kis tálban keverje össze a narancslevet, a kukoricakeményítőt, az ötfűszeres port, a pirospaprika pelyhet, a szójaszószt és a mézet; félretesz, mellőz.

2. Melegítsük fel a növényi olajat egy wokban vagy serpenyőben közepesen magas lángon. Adjuk hozzá a gombát, a sárgarépát, a hagymát és a fokhagymát. Körülbelül 4 percig kevergetve sütjük.

3. Adjuk hozzá a brokkolit, és főzzük tovább 2-4 percig.

4. Keverjük hozzá a szószt. Kb. 2 percig főzzük, amíg a zöldségek ízlésünk szerint megpuhulnak, a szósz pedig sűrű lesz.

5. Rizstészta, tészta vagy rizs mellé tálaljuk.

Félsziget édesburgonya

A kókusztej minden ételhez sziget ízt varázsol, és ez sem kivétel! Ha a főtt édesburgonyát pürésíteni szeretné, ez egy másik nagyszerű módja annak, hogy élvezze.

4-et szolgál ki

∽

Hozzávalók

1 font édesburgonya vagy különböző fajtájú jamgyökér, meghámozva és falatnyi darabokra vágva

1 babérlevél

1 teáskanál cukor

1/4 teáskanál só

1 (14 uncia) doboz kókusztej

> 1. Helyezze az édesburgonya darabokat egy nagy serpenyőbe. Adjunk hozzá annyi vizet, hogy ellepje őket, és forraljuk fel. Hozzáadjuk a babérlevelet, és addig főzzük, amíg a burgonya meg nem puhul. Távolítsa el a babérlevelet és dobja ki.

2. Keverjük hozzá a cukrot és a sót. Miután a cukor feloldódott, vegyük le a serpenyőt a tűzről, és keverjük hozzá a kókusztejet. Ha szükséges, módosítsa a fűszerezést só és/vagy cukor hozzáadásával. Állítsa be az állagot több víz és/vagy kókusztej hozzáadásával.

Mézes csirke

Kielégítőbb – és egészségesebb! - a sült változatnál ez az édes-savanyú csirkés étel mindent felülmúl, amit az elvitelről rendelhetsz.

3-4

~

Hozzávalók

2 evőkanál méz

2 evőkanál halszósz

2 evőkanál szójaszósz

½ teáskanál kínai ötfűszeres por

2 evőkanál növényi olaj

1 közepes hagyma, meghámozva és karikákra vágva

1 kiló csont nélküli, bőr nélküli csirkemell, falatnyi darabokra vágva

3-4 gerezd fokhagyma vékonyra szeletelve

1 (1 hüvelyk) darab gyömbér, meghámozva és felaprítva

1. Keverje össze a mézet, a halszószt, a szójaszószt és az ötfűszeres port egy kis tálban; félretesz, mellőz.

2. Melegítsük fel az olajat egy wokban közepesen magas hőmérsékleten. Hozzáadjuk a hagymát, és addig főzzük, amíg éppen barnulni kezd.

3. Adjuk hozzá a csirkét; kevergetve 3-4 percig sütjük.

4. Adjuk hozzá a fokhagymát és a gyömbért, és keverjük tovább 30 másodpercig.

5. Keverje hozzá a mézes keveréket, és hagyja főni 3-4 percig, amíg a csirke megpirul és ízlése szerint megsül.

Gyümölcs Sherried szirupban

Ez egy egyszerű, elegáns desszert. A szirup a hűtőszekrényben akár egy hétig is eláll, és előre elkészíthető, így könnyen elkészíthető a vacsora. Használhatod egyszerű szirupként is víz vagy tea ízesítésére!

4-6

~

Hozzávalók

2 evőkanál cukor

4 evőkanál vizet

2 evőkanál száraz sherry

2 teáskanál citromlé

1 narancs meghámozva és szeletekre vágva

2 csésze friss ananászdarabok

1½ csésze kivi szelet

1. Egy kis serpenyőben nagy lángon forraljuk fel a cukrot és a vizet, amíg szirupos nem lesz. Vegyük le a tűzről és hagyjuk szobahőmérsékletűre hűlni. Keverje hozzá a citromlevet és a sherryt; félretesz, mellőz.

2. Egy tálban keverje össze a narancsszeleteket, az ananászdarabkákat és a kivit. Öntsük a szirupot a gyümölcsre, és keverjük össze. Tálalás előtt legalább 1 órára hűtőbe tesszük.

Ropogós marhahús curry szósszal

4-et szolgál ki

1 tojás, felvert

15 ml/1 evőkanál kukoricaliszt (kukoricakeményítő)

5 ml/1 teáskanál szódabikarbóna (szódabikarbóna)

15 ml/1 evőkanál rizsbor vagy száraz sherry

15 ml/1 evőkanál szójaszósz

225 g/8 oz sovány marhahús, szeletelve

90 ml/6 evőkanál olaj

100 g/4 oz curry paszta

Keverjük össze a tojást, a kukoricalisztet, a szódabikarbónát, a bort vagy a sherryt és a szójaszószt. Keverje hozzá a marhahúst és 15 ml/1 evőkanál olajat. A maradék olajat felforrósítjuk, és kevergetve 2 percig sütjük a marhahús-tojás keveréket. Vegyük ki a marhahúst, és csepegtessük le róla az olajat. Adjuk hozzá a currypasztát a serpenyőbe, forraljuk fel, majd tegyük vissza a marhahúst a serpenyőbe, keverjük jól össze és tálaljuk.

Párolt currys marhahús

4-et szolgál ki

45 ml/3 evőkanál földimogyoró-olaj

5 ml/1 teáskanál só

1 gerezd fokhagyma, összetörve

450 g/1 font chuck steak, kockára vágva

4 újhagyma (hagyma), szeletelve

1 szelet gyömbér gyökér, darálva

30 ml/2 evőkanál curry por

15 ml/1 evőkanál rizsbor vagy száraz sherry

15 ml/1 evőkanál cukor

400 ml/14 fl oz/1¬æ csésze marhahúsleves

15 ml/1 evőkanál kukoricaliszt (kukoricakeményítő)

45 ml/3 evőkanál víz

Az olajat felforrósítjuk, és a sót és a fokhagymát enyhén megpirítjuk. Adjuk hozzá a steaket és dobjuk bele az olajat, majd adjuk hozzá az újhagymát és a gyömbért, és addig sütjük, amíg a hús minden oldala megpirul. Adjuk hozzá a curryport és kevergetve pirítsuk 1 percig. Keverjük hozzá a bort vagy a sherryt és a cukrot, majd öntsük hozzá az alaplevet, forraljuk fel, fedjük le és pároljuk körülbelül 35 percig, amíg a marhahús megpuhul. A kukoricalisztet és a vizet habosra keverjük, a szószhoz keverjük, és kevergetve addig pároljuk, amíg a szósz besűrűsödik.

Rántott currys marhahús

4-et szolgál ki

225 g/8 uncia sovány marhahús

30 ml/2 evőkanál földimogyoró-olaj

1 nagy hagyma, szeletelve

30 ml/2 evőkanál curry por

1 szelet gyömbér gyökér, darálva

15 ml/1 evőkanál rizsbor vagy száraz sherry

120 ml/4 fl oz/¬Ω csésze marhahúsleves

5 ml/1 teáskanál cukor

15 ml/1 evőkanál kukoricaliszt (kukoricakeményítő)

45 ml/3 evőkanál víz

Szeletelje fel a marhahúst vékonyan a szemhez képest. Az olajat felforrósítjuk és a hagymát áttetszőre pirítjuk. Adjuk hozzá a curryt és a gyömbért, és kevergetve pirítsuk néhány másodpercig. Adjuk hozzá a marhahúst, és kevergetve pirítsuk, amíg éppen csak barnul. Adjuk hozzá a bort vagy a sherryt és az alaplevet, forraljuk fel, fedjük le és pároljuk körülbelül 5 percig, amíg a marhahús meg nem fő. Keverjük össze a cukrot,

kukoricalisztet és vizet, keverjük bele a serpenyőbe, és kevergetve pároljuk addig, amíg a szósz besűrűsödik.

Marhahús fokhagymával

4-et szolgál ki

350 g/12 uncia sovány marhahús, szeletelve

4 gerezd fokhagyma, szeletelve

1 piros chili paprika, szeletelve

45 ml/3 evőkanál szójaszósz

45 ml/3 evőkanál földimogyoró-olaj

5 ml/1 tk kukoricaliszt (kukoricakeményítő)

15 ml/1 evőkanál víz

Keverje össze a marhahúst a fokhagymával, a chilipaprikával és 30 ml/2 evőkanál szójaszósszal, és időnként megkeverve hagyja állni 30 percig. Az olajat felforrósítjuk, és a marhahúskeveréket néhány perc alatt majdnem készre sütjük. A többi hozzávalót pépesre keverjük, belekeverjük a serpenyőbe, és kevergetve tovább pirítjuk, amíg a marhahús megpuhul.

Marhahús gyömbérrel

4-et szolgál ki

15 ml/1 evőkanál földimogyoró-olaj

450 g/1 font sovány marhahús, szeletelve

1 vöröshagyma, vékonyra szeletelve

2 gerezd fokhagyma, összetörve

2 db kristályos gyömbér vékonyra szeletelve

15 ml/1 evőkanál szójaszósz

150 ml/¬º pt/bőséges ¬Ω csésze víz

2 szár zeller, átlósan felszeletelve

5 ml/1 teáskanál só

Az olajat felhevítjük, és a marhahúst, a hagymát és a fokhagymát enyhén barnára sütjük. Adjuk hozzá a gyömbért, a szójaszószt és a vizet, forraljuk fel, fedjük le és pároljuk 25 percig. Adjuk hozzá a zellert, fedjük le és pároljuk további 5 percig. Tálalás előtt megszórjuk sóval.

Pirosra főtt marhahús gyömbérrel

4-et szolgál ki

450 g/1 font sovány marhahús

2 szelet gyömbér gyökér, darálva

4 újhagyma (hagyma) apróra vágva

120 ml/4 fl oz/¬Ω csésze szójaszósz

60 ml/4 evőkanál rizsbor vagy száraz sherry

400 ml/14 fl uncia/1¬æ csésze víz

15 ml/1 evőkanál barna cukor

Helyezze az összes hozzávalót egy vastag serpenyőbe, forralja fel, fedje le és párolja, időnként megforgatva, körülbelül 1 órán át, amíg a marhahús megpuhul.

Marhahús zöldbabbal

4-et szolgál ki

225 g/8 uncia far steak, vékonyra szeletelve

30 ml/2 evőkanál kukoricaliszt (kukoricakeményítő)

15 ml/1 evőkanál rizsbor vagy száraz sherry

15 ml/1 evőkanál szójaszósz

30 ml/2 evőkanál földimogyoró-olaj

2,5 ml/¬Ω teáskanál só

2 gerezd fokhagyma, összetörve

225 g/8 uncia zöldbab

225 g/8 uncia bambuszrügy, szeletelve

50 g/2 oz gomba, szeletelve

50 g/2 oz vízgesztenye, szeletelve

150 ml/¬º pt/bőséges ¬Ω csésze csirkealaplé

Helyezze a steaket egy tálba. Keverjünk össze 15 ml/1 evőkanál kukoricalisztet, a bort vagy sherryt és a szójaszószt, keverjük a húshoz, és 30 percig pácoljuk. Az olajat a sóval és a fokhagymával felhevítjük, és addig sütjük, amíg a fokhagyma enyhén megpirul. Hozzáadjuk a húst és a pácot, és kevergetve 4 percig pirítjuk. Hozzáadjuk a babot, és kevergetve 2 percig pirítjuk. Adjuk hozzá a többi hozzávalót, forraljuk fel és pároljuk 4 percig. A maradék kukoricalisztet összekeverjük a

kevés vizet és a szószhoz keverjük. Pároljuk, kevergetve, amíg a szósz kitisztul és besűrűsödik.

Forró marhahús

4-et szolgál ki

450 g/1 font sovány marhahús

6 újhagyma (hagyma), szeletelve

4 szelet gyömbér gyökér

15 ml/1 evőkanál rizsbor vagy száraz sherry

15 ml/1 evőkanál szójaszósz

4 szárított piros chili paprika apróra vágva

10 szem bors

1 gerezd csillagánizs

300 ml/¬Ω pt/1¬º csésze víz

2,5 ml/¬Ω tk chili olaj

Tegye a marhahúst egy tálba 2 újhagymával, 1 szelet gyömbérrel és a bor felével, és hagyja 30 percig pácolódni. Forraljunk fel egy nagy serpenyőben vizet, adjuk hozzá a marhahúst, és forraljuk, amíg el nem záródik

minden oldalon, majd kivesszük és lecsepegtetjük. A maradék újhagymát, a gyömbért és a bort vagy sherryt tegyük egy serpenyőbe a chilipaprikával, a szemes borssal és a csillagánizssal, majd adjuk hozzá a vizet. Forraljuk fel, adjuk hozzá a marhahúst, fedjük le és pároljuk körülbelül 40 percig, amíg a marha megpuhul. Vegye ki a marhahúst a folyadékból, és jól csepegtesse le. Vékonyra szeleteljük, és felmelegített tálra tesszük. Chili olajjal meglocsolva tálaljuk.

Forró marhareszelék

4-et szolgál ki

150 ml/¬º pt/bőséges ¬Ω csésze földimogyoró-olaj

450 g/1 font sovány marhahús, a gabonához vágva

45 ml/3 evőkanál szójaszósz

15 ml/1 evőkanál rizsbor vagy száraz sherry

1 szelet gyömbér gyökér, darálva

1 szárított piros chili paprika apróra vágva

2 sárgarépa, felaprítva

2 szár zeller, átlósan felszeletelve

10 ml/2 teáskanál só

225 g/8 uncia/1 csésze hosszú szemű rizs

Az olaj kétharmadát felforrósítjuk, és kevergetve 10 percig pirítjuk a marhahúst, a szójaszószt és a bort vagy a sherryt. Távolítsa el a marhahúst, és foglalja le a szószt. A maradék olajat felforrósítjuk, és kevergetve pirítjuk a gyömbért, a borsot és a sárgarépát 1 percig. Hozzáadjuk a zellert, és kevergetve 1 percig pirítjuk. Adjuk hozzá a marhahúst és a sót, és kevergetve pirítsuk 1 percig.

Közben a rizst forrásban lévő vízben körülbelül 20 percig főzzük, amíg megpuhul. Jól leszűrjük és tálalótálra rendezzük. Öntsük rá a marhahús keveréket és a forró mártást.

Marhahús mangetouttal

4-et szolgál ki

225 g/8 uncia sovány marhahús

30 ml/2 evőkanál kukoricaliszt (kukoricakeményítő)

5 ml/1 teáskanál cukor

5 ml/1 teáskanál szójaszósz

10 ml/2 teáskanál rizsbor vagy száraz sherry

30 ml/2 evőkanál földimogyoró-olaj

2,5 ml/¬Ω teáskanál só

2 szelet gyömbér gyökér, darálva

225 g/8 uncia mangetout (hóborsó)

60 ml/4 evőkanál marhaalaplé

10 ml/2 teáskanál víz

frissen őrölt bors

Szeletelje fel a marhahúst vékonyan a szemhez képest. Keverjük össze a kukoricaliszt felét, a cukrot, a szójaszószt és a bort vagy sherryt, adjuk a marhahúshoz, és jól keverjük össze, hogy bevonja. Az olaj felét felforrósítjuk, és kevergetve pirítjuk a sót, a gyömbért és néhány másodpercig. Adjuk hozzá a mangetoutot, és keverjük, hogy bevonja az olajat. Adjuk hozzá az alaplevet, forraljuk fel és jól keverjük össze, majd vegyük ki a mangetoutot és a folyadékot a serpenyőből. A maradék olajat felforrósítjuk, és a marhahúst enyhén barnára sütjük. Tegye vissza a mangetoutot a serpenyőbe. Keverjük össze a

a maradék kukoricalisztet a vízzel, belekeverjük a serpenyőbe és borsozzuk. Pároljuk, kevergetve, amíg a szósz besűrűsödik.

Pácolt párolt marhahús

4-et szolgál ki

450 g/1 font chuck steak

75 ml/5 evőkanál szójaszósz

60 ml/4 evőkanál rizsbor vagy száraz sherry

5 ml/1 teáskanál só

15 ml/1 evőkanál kukoricaliszt (kukoricakeményítő)

45 ml/3 evőkanál földimogyoró-olaj

15 ml/1 evőkanál barna cukor

15 ml/1 evőkanál borecet

A steaket több helyen átszúrjuk és egy tálba tesszük. Keverjük össze a szójaszószt, a bort vagy a sherryt és a sót, öntsük a húsra, és időnként megforgatva 3 órán át állni hagyjuk. Csepegtessük le a marhahúst, és dobjuk ki a pácot. A marhahúst szárítsa meg, és szórja be kukoricaliszttel. Felforrósítjuk az olajat, és a marhahúst minden oldalról barnára sütjük. Adjuk hozzá a cukrot és a borecetet és annyi vizet, hogy éppen ellepje a marhahúst. Forraljuk fel, fedjük le és pároljuk körülbelül 1 órán át, amíg a hús megpuhul.

Rántott marhahús és gomba

4-et szolgál ki

225 g/8 uncia sovány marhahús

15 ml/1 evőkanál kukoricaliszt (kukoricakeményítő)

15 ml/1 evőkanál rizsbor vagy száraz sherry

15 ml/1 evőkanál szójaszósz

2,5 ml/¬Ω tk cukor

45 ml/3 evőkanál földimogyoró-olaj

1 szelet gyömbér gyökér, darálva

2,5 ml/¬Ω teáskanál só

225 g/8 uncia gomba, szeletelve

120 ml/4 fl oz/¬Ω csésze marhahúsleves

Szeletelje fel a marhahúst vékonyan a szemhez képest. A kukoricalisztet, a bort vagy a sherryt, a szójaszószt és a cukrot összekeverjük, a marhahúshoz keverjük, és jól összeforgatjuk. Az olajat felforrósítjuk, és kevergetve pirítjuk a gyömbért 1 percig. Adjuk hozzá a marhahúst, és kevergetve pirítsuk, amíg éppen csak barnul. Adjuk hozzá a sót és a gombát, és jól keverjük össze. Adjuk hozzá az alaplevet, forraljuk fel, és kevergetve pároljuk, amíg a szósz besűrűsödik.

Pácolt rántott marhahús

4-et szolgál ki

450 g/1 font sovány marhahús, szeletelve

2 gerezd fokhagyma, összetörve

60 ml/4 evőkanál szójaszósz

15 ml/1 evőkanál barna cukor

5 ml/1 teáskanál só

30 ml/2 evőkanál földimogyoró-olaj

Tegye a marhahúst egy tálba, és adja hozzá a fokhagymát, a szójaszószt, a cukrot és a sót. Keverjük jól össze, fedjük le, és hagyjuk pácolódni körülbelül 2 órán át, időnként megforgatjuk. Lecsepegtetjük, a pácot kiöntjük. Az olajat felforrósítjuk, és a marhahúst minden oldalukon barnára sütjük, majd azonnal tálaljuk.

Párolt marhahús gombával

4-et szolgál ki

1 kg/2 font marhahús felső része

sót és frissen őrölt borsot

60 ml/4 evőkanál szójaszósz

30 ml/2 evőkanál hoisin szósz

30 ml/2 evőkanál méz

30 ml/2 evőkanál borecet

5 ml/1 teáskanál frissen őrölt bors

5 ml/1 teáskanál ánizs, őrölt

5 ml/1 teáskanál őrölt koriander

6 szárított kínai gomba

60 ml/4 evőkanál földimogyoró-olaj

5 ml/2 tk kukoricaliszt (kukoricakeményítő)

15 ml/1 evőkanál víz

400 g/14 oz paradicsomkonzerv

6 újhagyma (hagyma), csíkokra vágva

2 sárgarépa, lereszelve

30 ml/2 evőkanál szilvaszósz

60 ml/4 evőkanál apróra vágott metélőhagyma

A marhahúst többször megszurkáljuk villával. Sóval, borssal ízesítjük és egy tálba tesszük. A szószokat, a mézet, a borecetet, a borsot és a fűszereket összekeverjük, ráöntjük a húsra, lefedjük és egy éjszakára a hűtőben pácoljuk.

A gombát 30 percre meleg vízbe áztatjuk, majd leszűrjük. Dobja el a szárakat, és szeletelje fel a kupakokat. Az olajat felforrósítjuk, és a húst gyakran megforgatva szép barnára sütjük. A kukoricalisztet és a vizet összekeverjük, majd a paradicsommal együtt a serpenyőbe tesszük. Forraljuk fel, fedjük le, és lassú tűzön pároljuk körülbelül 1¬Ω órán át, amíg megpuhul. Adjuk hozzá az újhagymát és a sárgarépát, és pároljuk tovább 10 percig, amíg a sárgarépa megpuhul. Keverjük hozzá a szilvaszószt, és pároljuk 2 percig. Vegyük ki a húst a szószból, és vágjuk vastag szeletekre. Visszatesszük a szószhoz, hogy átforrósodjon, majd metélőhagymával megszórva tálaljuk.

Rántott marhahús tésztával

4-et szolgál ki

100 g/4 oz vékony tojásos tészta

30 ml/2 evőkanál földimogyoró-olaj

225 g/8 oz sovány marhahús, aprítva

30 ml/2 evőkanál szójaszósz

15 ml/1 evőkanál rizsbor vagy száraz sherry

2,5 ml/¬Ω teáskanál só

2,5 ml/¬Ω tk cukor

120 ml/4 fl oz/¬Ω csésze víz

Áztassuk a tésztát, amíg kissé megpuhul, majd csepegtessük le, és vágjuk 7,5 cm/3 hosszúságúra. Az olaj felét felforrósítjuk, és kevergetve pirítjuk a marhahúst, amíg éppen csak barnul. Hozzáadjuk a szójaszószt, a bort vagy a sherryt, a sót és a cukrot, kevergetve 2 percig pirítjuk, majd kivesszük a serpenyőből. A maradék olajat felforrósítjuk, és kevergetve addig sütjük a tésztát, amíg az olajjal meg nem vonódik. A marhahús keveréket visszatesszük a serpenyőbe, hozzáadjuk a vizet és felforraljuk. Főzzük és pároljuk körülbelül 5 percig, amíg a folyadék felszívódik.

Marhahús rizstésztával

4-et szolgál ki

4 szárított kínai gomba

30 ml/2 evőkanál földimogyoró-olaj

2,5 ml/½ teáskanál só

225 g/8 oz sovány marhahús, szeletelve

100 g/4 uncia bambuszrügy, szeletelve

100 g/4 uncia zeller, szeletelve

1 hagyma, szeletelve

120 ml/4 fl oz/½ csésze marhahúsleves

2,5 ml/½ tk cukor

10 ml/2 tk kukoricaliszt (kukoricakeményítő)

5 ml/1 teáskanál szójaszósz

15 ml/1 evőkanál víz

100 g/4 oz rizstészta

olaj a rántáshoz

A gombát 30 percre meleg vízbe áztatjuk, majd leszűrjük. Dobja el a szárakat, és szeletelje fel a kupakokat. Az olaj felét felforrósítjuk, a sót és a marhahúst enyhén barnára pirítjuk, majd kivesszük a serpenyőből. A maradék olajat felforrósítjuk, és kevergetve puhára sütjük a zöldségeket. Hozzákeverjük az alaplevet és a cukrot, majd felforraljuk. Tegye vissza a marhahúst a serpenyőbe, fedje le és párolja 3 percig. Keverjük össze a kukoricalisztet, a szójaszószt és a vizet, öntsük a serpenyőbe, és kevergetve pároljuk addig, amíg a keverék besűrűsödik. Közben a rizstésztát forró olajban pár másodpercig süssük puffadásra és ropogósra, és a marhahús tetejére tálaljuk.

Marhahús hagymával

4-et szolgál ki

60 ml/4 evőkanál földimogyoró-olaj

300 g/11 uncia sovány marhahús, csíkokra vágva

100 g/4 oz hagyma, csíkokra vágva

15 ml/1 evőkanál csirkealaplé

5 ml/1 teáskanál rizsbor vagy száraz sherry

5 ml/1 teáskanál cukor

5 ml/1 teáskanál szójaszósz

só

szezámolaj

Az olajat felforrósítjuk, és a marhahúst és a hagymát erős lángon enyhén barnára sütjük. Hozzákeverjük az alaplevet, a bort vagy a sherryt, a cukrot és a szójaszószt, és kevergetve gyorsan pirítjuk, amíg jól el nem keveredik. Tálalás előtt ízesítsük sóval és szezámolajjal.

Marhahús és borsó

4-et szolgál ki

30 ml/2 evőkanál földimogyoró-olaj

450 g/1 font sovány marhahús, kockára vágva

2 hagyma, szeletelve

2 szár zeller, szeletelve

100 g/4 oz friss vagy fagyasztott borsó, felolvasztva

250 ml/8 fl uncia/1 csésze csirkealaplé

15 ml/1 evőkanál szójaszósz

15 ml/1 evőkanál kukoricaliszt (kukoricakeményítő)

Az olajat felforrósítjuk, és a marhahúst enyhén barnára sütjük. Hozzáadjuk a hagymát, a zellert és a borsót, és kevergetve 2 percig pirítjuk. Adjuk hozzá az alaplevet és a szójaszószt, forraljuk fel, fedjük le és pároljuk 10 percig. A kukoricalisztet kevés vízzel elkeverjük és a szószhoz keverjük. Pároljuk, kevergetve, amíg a szósz kitisztul és besűrűsödik.

Rántott hagyma Crackle marhahús

4-et szolgál ki

225 g/8 uncia sovány marhahús

2 újhagyma (hagyma), felaprítva

30 ml/2 evőkanál szójaszósz

30 ml/2 evőkanál rizsbor vagy száraz sherry

30 ml/2 evőkanál földimogyoró-olaj

1 gerezd fokhagyma, összetörve

5 ml/1 teáskanál borecet

néhány csepp szezámolaj

Vágja a marhahúst vékony szeletekre a szemhez képest. Az újhagymát, a szójaszószt és a bort vagy sherryt összekeverjük, a marhahúshoz keverjük, és 30 percig állni hagyjuk. Lecsepegtetjük, a pácot kiöntjük. Az olajat felforrósítjuk, és a fokhagymát enyhén megpirítjuk. Adjuk hozzá a marhahúst, és kevergetve pirítsuk, amíg éppen csak barnul. Adjuk hozzá az ecetet és a szezámolajat, fedjük le és pároljuk 2 percig.

Marhahús szárított narancshéjjal

4-et szolgál ki

450 g/1 font sovány marhahús, vékonyra szeletelve

5 ml/1 teáskanál só

olaj a rántáshoz

30 ml/2 evőkanál földimogyoró-olaj

100 g szárított narancshéj

2 szárított chili paprika, apróra vágva

5 ml/1 teáskanál frissen őrölt bors

45 ml/3 evőkanál marhaalaplé

2,5 ml/¬Ω tk cukor

15 ml/1 evőkanál rizsbor vagy száraz sherry

5 ml/1 teáskanál borecet

2,5 ml/¬Ω tk szezámolaj

A marhahúst megszórjuk sóval, és 30 percig állni hagyjuk. Az olajat felforrósítjuk, és a marhahúst félig sütjük. Kivesszük és jól lecsepegtetjük. Felforrósítjuk az olajat, és kevergetve pirítjuk a narancshéjat, a chilipaprikát és a borsot 1 percig. Adjuk hozzá a marhahúst és az alaplevet, majd forraljuk fel. Hozzáadjuk a cukrot és a borecetet, és addig pároljuk, amíg már nem marad sok folyadék. Keverjük hozzá a borecetet és a szezámolajat, és jól keverjük össze. Salátaleveles ágyon tálaljuk.

Marhahús osztrigaszósszal

4-et szolgál ki

15 ml/1 evőkanál földimogyoró-olaj

2 gerezd fokhagyma, összetörve

450 g/1 font far steak, szeletelve

100 g gomba

15 ml/1 evőkanál rizsbor vagy száraz sherry

150 ml/¬º pt/bőséges ¬Ω csésze csirkealaplé

30 ml/2 evőkanál osztrigaszósz

5 ml/1 teáskanál barna cukor

sót és frissen őrölt borsot

4 újhagyma (hagyma), szeletelve

15 ml/1 evőkanál kukoricaliszt (kukoricakeményítő)

Az olajat felforrósítjuk, és a fokhagymát enyhén megpirítjuk. Adjuk hozzá a steaket és a gombát, és kevergetve pirítsuk enyhén barnára. Hozzáadjuk a bort vagy a sherryt, és kevergetve 2 percig pirítjuk. Adjuk hozzá az alaplevet, az osztrigaszószt és a cukrot, majd sózzuk, borsozzuk. Felforraljuk, és időnként megkeverve főzzük 4 percig. Adjuk hozzá az újhagymát. A kukoricalisztet kevés vízzel elkeverjük, és a serpenyőbe keverjük. Pároljuk, kevergetve, amíg a szósz kitisztul és besűrűsödik.

Marhahús borssal

4-et szolgál ki

350 g/12 uncia sovány marhahús, csíkokra vágva

75 ml/5 evőkanál szójaszósz

75 ml/5 evőkanál földimogyoró-olaj

5 ml/1 tk kukoricaliszt (kukoricakeményítő)

75 ml/5 evőkanál víz

2 hagyma, szeletelve

5 ml/1 teáskanál osztrigaszósz

frissen őrölt bors

tészta kosarak

Pácold be a marhahúst a szójaszósszal, 15 ml/1 evőkanál olajjal, a kukoricaliszttel és vízzel 1 órán át. A húst kivesszük a pácból és jól lecsepegtetjük. A maradék olajat felforrósítjuk, és a marhahúst és a hagymát enyhén barnára pirítjuk. Hozzáadjuk a pácot és az osztrigaszószt, és bőségesen fűszerezzük borssal. Forraljuk fel, fedjük le és pároljuk 5 percig, időnként megkeverve. Metéltes kosarakkal tálaljuk.

Borsos steak

4-et szolgál ki

45 ml/3 evőkanál földimogyoró-olaj

5 ml/1 teáskanál só

2 gerezd fokhagyma, összetörve

450 g/1 font bélszín steak, vékonyra szeletelve

1 hagyma, karikákra vágva

2 zöldpaprika, durvára vágva

120 ml/4 fl oz/¬Ω csésze marhahúsleves

5 ml/1 teáskanál barna cukor

5 ml/1 teáskanál rizsbor vagy száraz sherry

sót és frissen őrölt borsot

30 ml/2 evőkanál kukoricaliszt (kukoricakeményítő)

30 ml/2 evőkanál szójaszósz

Az olajat a sóval és a fokhagymával addig hevítjük, amíg a fokhagyma enyhén meg nem pirul, majd hozzáadjuk a steak-et és kevergetve addig sütjük, amíg minden oldala meg nem pirul. Adjuk hozzá a hagymát és a paprikát, és kevergetve pirítsuk 2 percig. Hozzáadjuk az alaplevet, a cukrot, a bort vagy a sherryt, és sózzuk, borsozzuk. Forraljuk fel, fedjük le és pároljuk 5 percig. Keverjük össze a kukoricalisztet és a szójaszószt, majd keverjük hozzá a szószhoz. Pároljuk, kevergetve, amíg a szósz kitisztul és besűrűsödik, és ha szükséges, adjunk hozzá egy kevés vizet, hogy a mártást a kívánt állagú legyen.

Marhahús paprikával

4-et szolgál ki

350 g/12 uncia sovány marhahús, vékonyra szeletelve

3 piros chili paprika kimagozva és apróra vágva

3 újhagyma (mogyoróhagyma), kockákra vágva

2 gerezd fokhagyma, összetörve

15 ml/1 evőkanál feketebab szósz

1 sárgarépa, szeletelve

3 zöldpaprika, kockákra vágva

só

15 ml/1 evőkanál földimogyoró-olaj

5 ml/1 teáskanál szójaszósz

45 ml/3 evőkanál víz

5 ml/1 teáskanál rizsbor vagy száraz sherry

5 ml/1 tk kukoricaliszt (kukoricakeményítő)

Pácold be a marhahúst a chilipaprikával, újhagymával, fokhagymával, feketebab szósszal és sárgarépával 1 órán át. A paprikát forrásban lévő sós vízben 3 percig blansírozzuk, majd jól leszűrjük. Az olajat felforrósítjuk, és kevergetve 2 percig sütjük a marhahús keveréket. Hozzáadjuk a paprikát, és kevergetve 3 percig pirítjuk. Adjuk hozzá a szójaszószt, a vizet és a bort vagy a sherryt. Kevés vízzel elkeverjük a kukoricalisztet, belekeverjük a serpenyőbe, és kevergetve addig pároljuk, amíg a szósz besűrűsödik.

Rántott marhahús reszelék zöldpaprikával

4-et szolgál ki

225 g/8 oz sovány marhahús, aprítva

1 tojás fehérje

15 ml/1 evőkanál kukoricaliszt (kukoricakeményítő)

2,5 ml/¬Ω teáskanál só

5 ml/1 teáskanál rizsbor vagy száraz sherry

2,5 ml/¬Ω tk cukor

olaj a rántáshoz

30 ml/2 evőkanál földimogyoró-olaj

2 piros chili paprika, kockára vágva

2 szelet gyömbérgyökér, felaprítva

15 ml/1 evőkanál szójaszósz

2 nagy zöldpaprika, felkockázva

Tegye a marhahúst egy tálba a tojásfehérjével, kukoricaliszttel, sóval, borral vagy sherryvel és cukorral, és hagyja 30 percig pácolódni. Az olajat felforrósítjuk, és a marhahúst enyhén barnára sütjük. Kivesszük a serpenyőből és jól lecsepegtetjük. Az olajat felforrósítjuk, és néhány másodpercig kevergetve pirítjuk a chilipaprikát és a gyömbért. Adjuk hozzá a marhahúst és a szójaszószt, és kevergetve süssük puhára. Hozzáadjuk a zöldpaprikát, jól összekeverjük és kevergetve 2 percig pirítjuk. Egyszerre tálaljuk.

Marhahús kínai savanyúsággal

4-et szolgál ki

100 g/4 oz kínai savanyúság, aprítva

450 g/1 font sovány steak, a gabonához vágva

30 ml/2 evőkanál szójaszósz

5 ml/1 teáskanál só

2,5 ml/¬Ω tk frissen őrölt bors

60 ml/4 evőkanál földimogyoró-olaj

15 ml/1 evőkanál kukoricaliszt (kukoricakeményítő)

Az összes hozzávalót alaposan összekeverjük és egy tűzálló tálba tesszük. Állítsa a tálat egy párolórácsra, fedje le, és forró víz felett párolja 40 percig, amíg a marhahús meg nem fő.

Steak burgonyával

4-et szolgál ki

450 g/1 font steak

60 ml/4 evőkanál földimogyoró-olaj

5 ml/1 teáskanál só

2,5 ml/¬Ω tk frissen őrölt bors

1 hagyma, apróra vágva

1 gerezd fokhagyma, összetörve

225 g/8 uncia burgonya, kockára vágva

175 ml/6 fl oz/¬æ csésze marhahúsleves

250 ml/8 fl oz/1 csésze apróra vágott zellerlevél

30 ml/2 evőkanál kukoricaliszt (kukoricakeményítő)

15 ml/1 evőkanál szójaszósz

60 ml/4 evőkanál víz

Vágja a steaket csíkokra, majd vékony szeletekre a szemhez képest. Az olajat felforrósítjuk, és a steaket, a sót, a borsot, a hagymát és a fokhagymát enyhén megpirítjuk. Adjuk hozzá a burgonyát és az alaplevet, forraljuk fel, fedjük le és pároljuk 10 percig. Adjuk hozzá a zellerleveleket, és pároljuk körülbelül 4 percig, amíg megpuhul. A kukoricalisztet, a szójaszószt és a vizet pépesre keverjük, hozzáadjuk a serpenyőbe, és kevergetve addig pároljuk, amíg a szósz kitisztul és besűrűsödik.

Vörösre főtt marhahús

4-et szolgál ki

450 g/1 font sovány marhahús

120 ml/4 fl oz/¬Ω csésze szójaszósz

60 ml/4 evőkanál rizsbor vagy száraz sherry

15 ml/1 evőkanál barna cukor

375 ml/13 fl oz/1¬Ω csésze víz

Tegye a marhahúst, a szójaszószt, a bort vagy a sherryt és a cukrot egy erős alapú serpenyőbe, és forralja fel. Lefedve pároljuk 10 percig, egyszer-kétszer megfordítva. Keverjük hozzá a vizet és forraljuk fel. Fedjük le és pároljuk körülbelül 1 órán át, amíg a hús megpuhul, ha szükséges, adjunk hozzá egy kevés forrásban lévő vizet főzés közben, ha a hús túlságosan kiszáradna. Melegen vagy hidegen tálaljuk.

Sós marhahús

4-et szolgál ki

30 ml/2 evőkanál földimogyoró-olaj

450 g/1 font sovány marhahús, kockára vágva

2 újhagyma (hagyma), szeletelve

2 gerezd fokhagyma, összetörve

1 szelet gyömbér gyökér, darálva

2 gerezd csillagánizs, összetörve

250 ml/8 fl oz/1 csésze szójaszósz

30 ml/2 evőkanál rizsbor vagy száraz sherry

30 ml/2 evőkanál barna cukor

5 ml/1 teáskanál só

600 ml/1 pt/2¬Ω csésze víz

Az olajat felforrósítjuk és a marhahúst enyhén barnára sütjük. Lecsepegtetjük a felesleges olajat, hozzáadjuk az újhagymát, a fokhagymát, a gyömbért és az ánizst, és 2 percig pirítjuk. Adjuk hozzá a szójaszószt, a bort vagy a sherryt, a cukrot és a sót, és jól keverjük össze. Adjuk hozzá a vizet, forraljuk fel, fedjük le és pároljuk 1 órán át. Vegyük le a fedőt, és pároljuk, amíg a szósz el nem fogy.

Aprított marhahús

4-et szolgál ki

750 g/1-Ω lb sovány marhahús, kockára vágva

250 ml/8 fl oz/1 csésze marhahúsleves

120 ml/4 fl oz/¬Ω csésze szójaszósz

60 ml/4 evőkanál rizsbor vagy száraz sherry

45 ml/3 evőkanál földimogyoró-olaj

Helyezze a marhahúst, az alaplevet, a szójaszószt és a bort vagy a sherryt egy vastag alapú serpenyőbe. Forraljuk fel, és keverés közben forraljuk, amíg a folyadék elpárolog. Hagyjuk kihűlni, majd hűtsük le. A marhahúst két villával felaprítjuk. Az olajat felforrósítjuk, majd hozzáadjuk a marhahúst, és kevergetve gyorsan addig sütjük, amíg az olaj meg nem vonja. Közepes lángon főzzük tovább, amíg a marhahús teljesen ki nem szárad. Hagyjuk kihűlni, és tésztával vagy rizzsel tálaljuk.

Családi stílusú aprított marhahús

4-et szolgál ki

225 g/8 oz marhahús, aprítva

15 ml/1 evőkanál szójaszósz

15 ml/1 evőkanál osztrigaszósz

45 ml/3 evőkanál földimogyoró-olaj

1 szelet gyömbér gyökér, darálva

1 piros chilipaprika, apróra vágva

4 szár zeller, átlósan felszeletelve

15 ml/1 evőkanál csípős babszósz

5 ml/1 teáskanál só

15 ml/1 evőkanál rizsbor vagy száraz sherry

5 ml/1 teáskanál szezámolaj

5 ml/1 teáskanál borecet

frissen őrölt bors

Helyezze a marhahúst egy tálba a szójaszósszal és az osztrigaszósszal, és hagyja pácolódni 30 percig. Az olajat felforrósítjuk és a marhahúst enyhén barnára sütjük, majd kivesszük a serpenyőből. Adjuk hozzá a gyömbért és a chili paprikát, és kevergetve pirítsuk néhány másodpercig. Hozzáadjuk a zellert, és kevergetve félig megpirítjuk. Adjuk hozzá a marhahúst, a forró babmártást és a sót, és jól keverjük össze. Hozzáadjuk a bort vagy a sherryt, a szezámolajat és az ecetet, és kevergetve addig sütjük, amíg a marhahús megpuhul és a hozzávalókat jól összekeverjük. Borssal megszórva tálaljuk.

Aprított fűszerezett marhahús

4-et szolgál ki

90 ml/6 evőkanál földimogyoró-olaj

450 g/1 font sovány marhahús, csíkokra vágva

50 g/2 oz chilibabmassza

frissen őrölt bors

15 ml/1 evőkanál darált gyömbér gyökér

30 ml/2 evőkanál rizsbor vagy száraz sherry

225 g/8 uncia zeller, kockákra vágva

30 ml/2 evőkanál szójaszósz

5 ml/1 teáskanál cukor

5 ml/1 teáskanál borecet

Az olajat felforrósítjuk, és a marhahúst barnára sütjük. Hozzáadjuk a chilibabpürét és a borsot, és kevergetve 3 percig pirítjuk. Adjuk hozzá a gyömbért, a bort vagy a sherryt és a zellert, és jól keverjük össze. Hozzáadjuk a szójaszószt, a cukrot és az ecetet, és kevergetve 2 percig pirítjuk.

Pácolt marhahús spenóttal

4-et szolgál ki

450 g/1 font sovány marhahús, vékonyra szeletelve

45 ml/3 evőkanál rizsbor vagy száraz sherry

15 ml/1 evőkanál szójaszósz

5 ml/1 teáskanál cukor

2,5 ml/¬Ω tk szezámolaj

450 g/1 font spenót

45 ml/3 evőkanál földimogyoró-olaj

2 szelet gyömbér gyökér, darálva

30 ml/2 evőkanál marhaalaplé

5 ml/1 tk kukoricaliszt (kukoricakeményítő)

Ujjakkal megnyomva enyhén lapítsuk el a húst. Keverje össze a bort vagy a sherryt, a szójaszószt, a sherryt és a szezámolajat. Hozzáadjuk a húst, lefedjük és 2 órára hűtőbe tesszük, időnként megkeverve. A spenótleveleket nagy darabokra, a szárát pedig vastag szeletekre vágjuk. Melegíts fel 30 ml/2 evőkanál olajat, és kevergetve pirítsd meg a spenótszárat és a gyömbért 2 percig. Vegye ki a serpenyőből.

A maradék olajat felmelegítjük. A húst lecsöpögtetjük, a pácot lecsepegtetjük. Tegye a hús felét a serpenyőbe, és terítse szét a szeleteket, hogy ne fedjék egymást. Körülbelül 3 percig sütjük, amíg mindkét oldala enyhén megpirul. Vegyük ki a serpenyőből, és pirítsuk meg a maradék húst, majd vegyük ki a serpenyőből. Az alaplevet és a kukoricalisztet a páchoz keverjük. Adjuk hozzá a keveréket a serpenyőhöz, és forraljuk fel. Adjuk hozzá a spenót leveleket, szárát és a gyömbért. Körülbelül 3 percig pároljuk, amíg a spenót megpuhul, majd belekeverjük a húst. Főzzük további 1 percig, majd azonnal tálaljuk.

Fekete bab marhahús újhagymával

4-et szolgál ki

225 g/8 oz sovány marhahús, vékonyra szeletelve

1 tojás, enyhén felverve

5 ml/1 teáskanál világos szójaszósz

2,5 ml/¬Ω tk rizsbor vagy száraz sherry

2,5 ml/¬Ω tk kukoricaliszt (kukoricakeményítő)

250 ml/8 fl oz/1 csésze földimogyoró-olaj

2 gerezd fokhagyma, összetörve

30 ml/2 evőkanál feketebab szósz

15 ml/1 evőkanál víz

6 újhagyma (hagyma), átlósan felszeletelve

2 szelet gyömbérgyökér, felaprítva

Keverje össze a marhahúst a tojással, szójaszósszal, borral vagy sherryvel és kukoricaliszttel. 10 percig állni hagyjuk.

Az olajat felforrósítjuk, és a marhahúst majdnem készre sütjük. Kivesszük a serpenyőből és jól lecsepegtetjük. 15 ml/1 evőkanál olaj kivételével öntse le az összes olajat, melegítse fel, majd pirítsa meg a fokhagymás és feketebab szószt 30 másodpercig. Adjuk hozzá a marhahúst és a vizet, és pirítsuk körülbelül 4 percig, amíg a marhahús megpuhul.

Közben hevíts fel további 15 ml/1 evőkanál olajat, és röviden pirítsd meg az újhagymát és a gyömbért. Egy felmelegített tálra kanalazzuk a marhahúst, rátesszük az újhagymát és tálaljuk.

Rántott marhahús újhagymával

4-et szolgál ki

45 ml/3 evőkanál földimogyoró-olaj

225 g/8 oz sovány marhahús, vékonyra szeletelve

8 újhagyma (hagyma), szeletelve

75 ml/5 evőkanál szójaszósz

15 ml/1 evőkanál rizsbor vagy száraz sherry

30 ml/2 evőkanál szezámolaj

Felforrósítjuk az olajat, és kevergetve pirítjuk a marhahúst és a hagymát enyhén barnára. Hozzáadjuk a szójaszószt és a bort vagy a sherryt, és kevergetve addig sütjük, amíg a hús ízlésünk szerint meg nem sül. Tálalás előtt keverjük hozzá a szezámolajat.

Marhahús és újhagyma halszósszal

4-et szolgál ki

350 g/12 uncia sovány marhahús, vékonyra szeletelve

15 ml/1 evőkanál kukoricaliszt (kukoricakeményítő)

15 ml/1 evőkanál víz

2,5 ml/¬Ω tk rizsbor vagy száraz sherry

csipet szódabikarbóna (szódabikarbóna)

csipet só

45 ml/3 evőkanál földimogyoró-olaj

6 db újhagyma (mogyoróhagyma), 5 cm/2-es darabokra vágva

2 gerezd fokhagyma, összetörve

2 szelet gyömbér, darálva

5 ml/1 teáskanál halszósz

2,5 ml/¬Ω tk osztrigaszósz

Pácold be a marhahúst a kukoricaliszttel, vízzel, borral vagy sherryvel, szódabikarbónával és sóval 1 órán át. 30 ml/2 evőkanál olajat felforrósítunk, és a marhahúst az újhagyma felével, a fokhagymával és a gyömbérrel szép barnára sütjük. Közben a maradék olajat felforrósítjuk és a maradék újhagymát, fokhagymát és gyömbért a halszósszal és az osztrigaszósszal puhára pirítjuk. Keverjük össze a kettőt, és tálalás előtt melegítsük át.

Párolt marhahús

4-et szolgál ki

450 g/1 font sovány marhahús, szeletelve

5 ml/1 tk kukoricaliszt (kukoricakeményítő)

2 szelet gyömbér gyökér, darálva

15 ml/1 evőkanál szójaszósz

15 ml/1 evőkanál rizsbor vagy száraz sherry

2,5 ml/¬Ω teáskanál só

2,5 ml/¬Ω tk cukor

15 ml/1 evőkanál földimogyoró-olaj

2 újhagyma (hagyma), felaprítva

15 ml/1 evőkanál apróra vágott lapos petrezselyem

Helyezze a marhahúst egy tálba. Keverjük össze a kukoricalisztet, a gyömbért, a szójaszószt, a bort vagy a sherryt, a sót és a cukrot, majd keverjük a marhahúshoz. Hagyja állni 30 percig, időnként megkeverve. A marhaszeleteket egy sekély, hőálló edénybe tesszük, és meglocsoljuk az olajjal és az újhagymával. Pároljuk egy rácson forrásban lévő víz felett körülbelül 40 percig, amíg a marhahús meg nem fő. Petrezselyemmel megszórva tálaljuk.

Marhapörkölt

4-et szolgál ki

15 ml/1 evőkanál földimogyoró-olaj

1 gerezd fokhagyma, összetörve

1 szelet gyömbérgyökér, apróra vágva

450 g/1 lb pároló steak, kockára vágva

45 ml/3 evőkanál szójaszósz

30 ml/2 evőkanál rizsbor vagy száraz sherry

15 ml/1 evőkanál barna cukor

300 ml/¬Ω pt/1¬º csésze csirkealaplé

2 hagyma, karikákra vágva

2 sárgarépa, vastagon szeletelve

100 g/4 oz káposzta, aprítva

Az olajat a fokhagymával és a gyömbérrel felhevítjük, és addig sütjük, amíg a fokhagyma enyhén megpirul. Hozzáadjuk a steaket, és 5 percig pirítjuk, amíg megpirul. Adjuk hozzá a szójaszószt, a bort vagy a sherryt és a cukrot, fedjük le és pároljuk 10 percig. Adjuk hozzá az alaplevet, forraljuk fel, fedjük le és pároljuk körülbelül 30 percig. Adjuk hozzá a hagymát, a sárgarépát és a káposztát, fedjük le, és pároljuk további 15 percig.

Párolt marha szegy

4-et szolgál ki

450 g/1 font marha szegy

45 ml/3 evőkanál földimogyoró-olaj

3 újhagyma (hagyma), szeletelve

2 szelet gyömbérgyökér, apróra vágva

1 gerezd fokhagyma, összetörve

120 ml/4 fl oz/¬Ω csésze szójaszósz

5 ml/1 teáskanál cukor

45 ml/3 evőkanál rizsbor vagy száraz sherry

3 gerezd csillagánizs

4 sárgarépa, kockára vágva

225 g/8 uncia kínai kel

15 ml/1 evőkanál kukoricaliszt (kukoricakeményítő)

45 ml/3 evőkanál víz

Helyezze a marhahúst egy serpenyőbe, és fedje le vízzel. Forraljuk fel, fedjük le, és lassú tűzön pároljuk körülbelül 1¬Ω órán keresztül, amíg a hús megpuhul. Kivesszük a serpenyőből és jól lecsepegtetjük. Vágja 2,5 cm/1 kockákra, és tartson 250 ml/8 fl oz/1 csésze alaplével.

Az olajat felforrósítjuk, és néhány másodpercig megpirítjuk az újhagymát, a gyömbért és a fokhagymát. Adjuk hozzá a szójaszószt, a cukrot, a bort vagy a sherryt és a csillagánizst, és jól keverjük össze. Adjuk hozzá a marhahúst és a fenntartott alaplevet. Forraljuk fel, fedjük le és pároljuk 20 percig. Közben a kínai kelt forrásban lévő vízben puhára főzzük. Tegye át a húst és a zöldségeket egy felmelegített tálra. A kukoricalisztet és a vizet keverjük pépesre, keverjük a szószhoz, és kevergetve pároljuk addig, amíg a szósz kitisztul és besűrűsödik. Ráöntjük a marhahúsra, és a kínai kel tálaljuk.

Beef Stir-Fry

4-et szolgál ki

225 g/8 uncia sovány marhahús

45 ml/3 evőkanál földimogyoró-olaj

1 szelet gyömbérgyökér, apróra vágva

2 gerezd fokhagyma, összetörve

2 újhagyma (hagyma), apróra vágva

50 g/2 oz gomba, szeletelve

1 pirospaprika, szeletelve

225 g/8 oz karfiol virágok

50 g mangetout (hóborsó)

30 ml/2 evőkanál szójaszósz

15 ml/1 evőkanál kukoricaliszt (kukoricakeményítő)

15 ml/1 evőkanál rizsbor vagy száraz sherry

120 ml/4 fl oz/¬Ω csésze marhahúsleves

Szeletelje fel a marhahúst vékonyan a szemhez képest. Az olaj felét felforrósítjuk, és a gyömbért, a fokhagymát és az újhagymát enyhén barnára pirítjuk. Adjuk hozzá a marhahúst, és kevergetve pirítsuk, amíg éppen csak barnulnak, majd vegyük ki a serpenyőből. A maradék olajat felforrósítjuk, és kevergetve pirítjuk a zöldségeket, amíg az olaj meg nem vonja. Hozzákeverjük az alaplevet, felforraljuk, lefedve pároljuk, amíg a zöldségek megpuhulnak, de még ropogósak. Keverje össze a szójaszószt, a kukoricalisztet és a bort vagy a sherryt, és keverje bele a serpenyőbe. Pároljuk, kevergetve, amíg a szósz besűrűsödik.

Steak csíkok

4-et szolgál ki

450 g/1 font far steak

120 ml/4 fl oz/¬Ω csésze szójaszósz

120 ml/4 fl oz/¬Ω csésze csirkealaplé

1 cm/¬Ω szelet gyömbérgyökérben

2 gerezd fokhagyma, összetörve

30 ml/2 evőkanál rizsbor vagy száraz sherry

15 ml/1 evőkanál barna cukor

15 ml/1 evőkanál földimogyoró-olaj

A steaket fagyasztóba tesszük, majd hosszú, vékony szeletekre vágjuk. Keverje össze az összes többi hozzávalót, és pácolja a steaket a keverékben körülbelül 6 órán keresztül. A steaket áztatott fa nyársakra fonjuk, és néhány percig grillezzük, amíg ízlésünk szerint megsül, időnként megkenve páclével.

Párolt marhahús édes burgonyával

4-et szolgál ki

450 g/1 font sovány marhahús, vékonyra szeletelve

15 ml/1 evőkanál feketebab szósz

15 ml/1 evőkanál édes babszósz

15 ml/1 evőkanál szójaszósz

5 ml/1 teáskanál cukor

2 szelet gyömbér gyökér, darálva

2 édesburgonya, felkockázva

30 ml/2 evőkanál földimogyoró-olaj

100 g/4 uncia zsemlemorzsa

15 ml/1 evőkanál szezámolaj

3 újhagyma (hagyma), apróra vágva

Tegye a marhahúst egy tálba a babmártással, szójaszósszal, cukorral és gyömbérrel, és hagyja pácolódni 30 percig. A marhahúst kivesszük a pácból, és hozzáadjuk az édesburgonyát. 20 percig állni hagyjuk. Rendezzük el a burgonyát egy kis bambuszgőzös alján. A marhahúst bevonjuk a zsemlemorzsával, és a burgonya tetejére rendezzük. Fedjük le, és forrásban lévő víz felett pároljuk 40 percig.

A szezámolajat felforrósítjuk, és néhány másodpercig megpirítjuk benne az újhagymát. Rákanalazzuk a marhahúst és tálaljuk.

Bélszín

4-et szolgál ki

450 g/1 font sovány marhahús

45 ml/3 evőkanál rizsbor vagy száraz sherry

15 ml/1 evőkanál szójaszósz

10 ml/2 tk osztrigaszósz

5 ml/1 teáskanál cukor

5 ml/1 tk kukoricaliszt (kukoricakeményítő)

2,5 ml/¬Ω teáskanál szódabikarbóna (szódabikarbóna)

csipet só

1 gerezd fokhagyma, összetörve

30 ml/2 evőkanál földimogyoró-olaj

2 vöröshagyma, vékonyra szeletelve

Vágja a húst a szemek mentén vékony szeletekre. Keverje össze a bort vagy a sherryt, a szójaszószt, az osztrigaszószt, a cukrot, a kukoricalisztet, a szódabikarbónát, a sót és a fokhagymát. Keverjük hozzá a húst, fedjük le és tegyük hűtőbe legalább 3 órára. Felforrósítjuk az olajat, és kevergetve pirítjuk a hagymát körülbelül 5 percig, amíg aranybarna nem lesz. Tegyük át egy felmelegített tálra, és tartsuk melegen. Adjunk hozzá a hús egy részét a wok-hoz, úgy terítsük szét a szeleteket, hogy ne fedjék egymást. Mindkét oldalát kb. 3 percig pirítjuk, amíg megpirul, majd a hagymák tetejére helyezzük és tovább pirítjuk a maradék húst.

Marha pirítósok

4-et szolgál ki

4 szelet sovány marhahús

1 tojás, felvert

50 g/2 oz/¬Ω csésze dió, aprítva

4 szelet kenyér

olaj a rántáshoz

Lapítsd el a marhaszeleteket, majd kend meg alaposan tojással. Megszórjuk dióval, és egy szelet kenyérrel megkenjük. Melegítsük fel az olajat, és süssük meg a marha- és kenyérszeleteket körülbelül 2 percig. Kivesszük az olajból és hagyjuk kihűlni. Az olajat felforrósítjuk, és ismét szép barnára sütjük.

Aprított tofu-chilli marhahús

4-et szolgál ki

225 g/8 uncia sovány marhahús, apróra vágva

1 tojás fehérje

2,5 ml/½ tk szezámolaj

5 ml/1 tk kukoricaliszt (kukoricakeményítő)

csipet só

250 ml/8 fl oz/1 csésze földimogyoró-olaj

100 g szárított tofu csíkokra vágva

5 piros chili paprika, csíkokra vágva

15 ml/1 evőkanál víz

1 szelet gyömbérgyökér, apróra vágva

10 ml/2 teáskanál szójaszósz

A marhahúst összekeverjük a tojásfehérjével, a szezámolaj felével, a kukoricaliszttel és a sóval. Az olajat felforrósítjuk, és a marhahúst kevergetve majdnem készre sütjük. Vegye ki a serpenyőből. Adjuk hozzá a tofut a serpenyőbe, és kevergetve pirítsuk 2 percig, majd vegyük ki a serpenyőből. Hozzáadjuk a chilipaprikát, és kevergetve 1 percig pirítjuk. Tegye vissza a tofut a serpenyőbe a vízzel, a gyömbérrel és a szójaszósszal, és jól keverje össze. Hozzáadjuk a marhahúst, és kevergetve addig sütjük, amíg jól el nem keveredik. A maradék szezámolajjal meglocsolva tálaljuk.

Marhahús paradicsommal

4-et szolgál ki

30 ml/2 evőkanál földimogyoró-olaj

3 újhagyma (mogyoróhagyma), kockákra vágva

225 g/8 uncia sovány marhahús, csíkokra vágva

60 ml/4 evőkanál marhaalaplé

15 ml/1 evőkanál kukoricaliszt (kukoricakeményítő)

45 ml/3 evőkanál víz

4 paradicsom meghámozva és negyedelve

Az olajat felforrósítjuk, és az újhagymát kevergetve puhára pároljuk. Adjuk hozzá a marhahúst, és kevergetve pirítsuk, amíg éppen csak barnul. Keverjük hozzá az alaplevet, forraljuk fel, fedjük le és pároljuk 2 percig. A kukoricalisztet és a vizet összekeverjük, belekeverjük a serpenyőbe, és kevergetve addig pároljuk, amíg a szósz besűrűsödik. Hozzákeverjük a paradicsomot, és addig pároljuk, amíg át nem melegszik.

Pirosra főtt marhahús fehérrépával

4-et szolgál ki

450 g/1 font sovány marhahús

1 szelet gyömbér gyökér, darálva

1 újhagyma (mogyoróhagyma), apróra vágva 120 ml/4 fl

oz/¬Ω csésze rizsbor vagy száraz sherry

250 ml/8 fl uncia/1 csésze víz

2 gerezd csillagánizs

1 kis fehérrépa kockára vágva

120 ml/4 fl oz/¬Ω csésze szójaszósz

15 ml/1 evőkanál cukor

Tegye a marhahúst, a gyömbért, az újhagymát, a bort vagy a sherryt, a vizet és az ánizst egy vastag alapú serpenyőbe, forralja fel, fedje le és párolja 45 percig. Adjuk hozzá a fehérrépát, a szójaszószt és a cukrot, és ha szükséges még egy kis vizet, forraljuk vissza, fedjük le, és pároljuk további 45 percig, amíg a marhahús megpuhul. Hagyjuk kihűlni. Vegye ki a marhahúst és a fehérrépát a szószból. A marhahúst felszeleteljük, és a fehérrépával együtt egy tálra rendezzük. Leszűrjük a szósszal és hidegen tálaljuk.

Marhahús zöldségekkel

4-et szolgál ki

225 g/8 uncia sovány marhahús

15 ml/1 evőkanál kukoricaliszt (kukoricakeményítő)

15 ml/1 evőkanál szójaszósz

15 ml/1 evőkanál rizsbor vagy száraz sherry

2,5 ml/¬Ω tk cukor

45 ml/3 evőkanál földimogyoró-olaj

1 szelet gyömbérgyökér, apróra vágva

2,5 ml/¬Ω teáskanál só

100 g/4 oz hagyma, szeletelve

2 szár zeller, szeletelve

1 pirospaprika, szeletelve

100 g/4 uncia bambuszrügy, szeletelve

100 g/4 oz sárgarépa, szeletelve

120 ml/4 fl oz/¬Ω csésze marhahúsleves

A marhahúst vékonyan felszeleteljük a gabonához képest, és egy tálba tesszük. Keverjük össze a kukoricalisztet, a szójaszószt, a bort vagy a sherryt és a cukrot, öntsük a marhahúsra, és forgassuk bevonni. Hagyjuk állni 30 percig, időnként megforgatjuk. Felforrósítjuk az olaj felét, és kevergetve pirítjuk a marhahúst, amíg éppen csak barnul, majd kivesszük a serpenyőből. A maradék olajat felforrósítjuk, belekeverjük a gyömbért és a sót, majd hozzáadjuk a zöldségeket, és kevergetve addig pirítjuk, amíg az olaj meg nem vonja. Hozzákeverjük az alaplevet, felforraljuk, lefedve pároljuk, amíg a zöldségek megpuhulnak, de még ropogósak. Tegye vissza a marhahúst a serpenyőbe, és enyhe lángon keverje körülbelül 1 percig, hogy átmelegedjen.

Párolt marhahús

4-et szolgál ki

350 g/12 uncia tekercselt marhahús

30 ml/2 evőkanál cukor

30 ml/2 evőkanál rizsbor vagy száraz sherry

30 ml/2 evőkanál szójaszósz

5 ml/1 teáskanál fahéj

2 újhagyma (hagyma), apróra vágva

1 szelet gyömbérgyökér, apróra vágva

45 ml/3 evőkanál szezámolaj

Forraljunk fel egy serpenyőben vizet, adjuk hozzá a húst, forraljuk fel a vizet, és forraljuk fel gyorsan, hogy a húst lezárjuk. Vegye ki a serpenyőből. Helyezze a húst egy tiszta serpenyőbe, és adja hozzá az összes többi hozzávalót, 15 ml/1 evőkanál szezámolajjal. Töltse fel a serpenyőt annyi vízzel, hogy ellepje a húst, forraljuk fel, fedjük le, és lassú tűzön pároljuk körülbelül 1 órán át, amíg a hús megpuhul. Tálalás előtt meglocsoljuk a maradék szezámolajjal.

Töltött steak

4,Äì6 adag

675 g/1¬Ω lb far steak egy darabban

60 ml/4 evőkanál borecet

30 ml/2 evőkanál cukor

10 ml/2 teáskanál szójaszósz

2,5 ml/¬Ω tk frissen őrölt bors

2,5 ml/¬Ω tk egész szegfűszeg

5 ml/1 teáskanál őrölt fahéj

1 babérlevél, összetörve

225 g/8 oz főtt hosszú szemű rizs

5 ml/1 teáskanál apróra vágott friss petrezselyem

csipet só

30 ml/2 evőkanál földimogyoró-olaj

30 ml/2 evőkanál disznózsír

1 hagyma, szeletelve

Tegye a steaket egy nagy tálba. A borecetet, a cukrot, a szójaszószt, a borsot, a szegfűszeget, a fahéjat és a babérlevelet egy lábasban felforraljuk, majd hagyjuk kihűlni. Ráöntjük a steakre, lefedjük és egy éjszakán át a hűtőben pácoljuk, időnként megforgatva.

Keverjük össze a rizst, a petrezselymet, a sót és az olajat. A marhahúst lecsepegtetjük, és a keveréket a steakre kenjük, feltekerjük és zsinórral szorosan megkötjük. A zsírt megolvasztjuk, hozzáadjuk a hagymát és a pecsenyét, és minden oldalukon barnára sütjük. Felöntjük annyi vízzel, hogy majdnem ellepje a steaket, lefedve pároljuk 1¬Ω órán keresztül, vagy amíg a hús megpuhul.

Marha gombóc

4-et szolgál ki

450 g/1 font sima (univerzális) liszt

1 tasak könnyen elkeverhető élesztő

10 ml/2 teáskanál porcukor

5 ml/1 teáskanál só

300 ml/¬Ω pt/1¬º csésze meleg tej vagy víz

30 ml/2 evőkanál földimogyoró-olaj

225 g darált (darált) marhahús

1 hagyma, apróra vágva

2 db szár gyömbér, apróra vágva

50 g/2 oz kesudió, apróra vágva

2,5 ml/¬Ω tk ötfűszeres por

15 ml/1 evőkanál szójaszósz

30 ml/2 evőkanál hoisin szósz

2,5 ml/¬Ω tk borecet

15 ml/1 evőkanál kukoricaliszt (kukoricakeményítő)

45 ml/3 evőkanál víz

A lisztet, az élesztőt, a cukrot, a sót és a meleg tejet vagy vizet összekeverjük, és sima tésztává gyúrjuk. Letakarva 45 percig meleg helyen kelesztjük. Az olajat felforrósítjuk és a marhahúst enyhén barnára sütjük. Adjuk hozzá a hagymát, a gyömbért, a kesudiót, az ötfűszeres port, a szójaszószt, a hoisin szószt és a borecetet, és forraljuk fel. Keverjük össze a kukoricalisztet és a vizet, keverjük a szószhoz, és pároljuk 2 percig. Hagyjuk kihűlni. A tésztából 16 golyót formázunk. Laposra nyomkodjuk, mindegyikbe kanalazunk egy kis tölteléket, és a töltelék köré zárjuk a tésztát. Tedd egy wokban vagy serpenyőben lévő gőzkosárba, fedd le, és sós víz felett párold kb. 30 percig.

Ropogós húsgombóc

4-et szolgál ki

225 g darált (darált) marhahús

100 g/4 oz vízgesztenye, darálva

2 tojás, felvert

5 ml/1 teáskanál reszelt narancshéj

5 ml/1 tk darált gyömbér gyökér

5 ml/1 teáskanál só

15 ml/1 evőkanál kukoricaliszt (kukoricakeményítő)

225 g/8 uncia/2 csésze sima (univerzális) liszt

5 ml/1 teáskanál sütőpor

300 ml/¬Ω pt/1¬Ω csésze víz

15 ml/1 evőkanál földimogyoró-olaj

olaj a rántáshoz

Keverje össze a marhahúst, a vízgesztenyét, 1 tojást, a narancshéjat, a gyömbért, a sót és a kukoricalisztet. Kis golyókat formázunk. Tedd egy tálba egy gőzölőben forrásban lévő víz fölé, és párold körülbelül 20 percig, amíg meg nem fő. Hagyjuk kihűlni.

A lisztet, a sütőport, a maradék tojást, a vizet és a földimogyoró-olajat sűrű masszává keverjük. A húsgombócokat mártsuk bele a tésztába. Az olajat felforrósítjuk, és a húsgombócokat aranybarnára sütjük.

Darált marhahús kesudióval

4-et szolgál ki

450 g darált (darált) marhahús

¬Ω tojásfehérje

5 ml/1 teáskanál osztrigaszósz

5 ml/1 teáskanál világos szójaszósz

néhány csepp szezámolaj

25 g/1 uncia friss petrezselyem, apróra vágva

45 ml/3 evőkanál földimogyoró-olaj

25 g/1 oz/¬º csésze kesudió, apróra vágva

15 ml/1 evőkanál marhaaplé

4 nagy salátalevél

A marhahúst összekeverjük a tojásfehérjével, az osztrigaszósszal, a szójaszósszal, a szezámolajjal és a petrezselyemmel, majd állni hagyjuk. Az olaj felét felforrósítjuk, és a kesudiót enyhén barnára pirítjuk, majd kivesszük a serpenyőből. A maradék olajat felforrósítjuk, és kevergetve pirítjuk a húsos keveréket, amíg meg nem pirul. Hozzáadjuk az alaplevet, és tovább sütjük, amíg szinte az összes folyadék el nem párolog. A salátaleveleket felmelegített tálra helyezzük, és belekanalazzuk a húst. A sült kesudióval megszórva tálaljuk

Marhahús vörös szószban

4-et szolgál ki

60 ml/4 evőkanál földimogyoró-olaj

450 g darált (darált) marhahús

1 hagyma, apróra vágva

1 pirospaprika, apróra vágva

1 zöldpaprika, apróra vágva

2 szelet ananász, apróra vágva

45 ml/3 evőkanál szójaszósz

45 ml/3 evőkanál száraz fehérbor

30 ml/2 evőkanál borecet

30 ml/2 evőkanál méz

300 ml/¬Ω pt/1¬º csésze marhaalaplé

sót és frissen őrölt borsot

néhány csepp chili olaj

Az olajat felforrósítjuk és a marhahúst enyhén barnára sütjük. Hozzáadjuk a zöldségeket és az ananászt, és kevergetve 3 percig pirítjuk. Adjuk hozzá a szójaszószt, a bort, a borecetet, a mézet és az alaplevet. Forraljuk fel, fedjük le és pároljuk 30 percig, amíg meg nem fő. Ízlés szerint sóval, borssal és chili olajjal ízesítjük.

Marhagolyók nyálkás rizzsel

4-et szolgál ki

225 g/8 uncia nyálkás rizs

450 g/1 font sovány marhahús, darált (őrölt)

1 szelet gyömbér gyökér, darálva

1 kis hagyma, felaprítva

1 tojás, enyhén felverve

15 ml/1 evőkanál szójaszósz

2,5 ml/¬Ω tk kukoricaliszt (kukoricakeményítő)

2,5 ml/¬Ω tk cukor

2,5 ml/¬Ω teáskanál só

5 ml/1 teáskanál rizsbor vagy száraz sherry

Áztassuk be a rizst 30 percig, majd csepegtessük le és terítsük ki egy tányérra. Keverje össze a marhahúst, a gyömbért, a hagymát, a tojást, a szójaszószt, a kukoricalisztet, a cukrot, a sót és a bort vagy sherryt. Diónyi golyókat formázunk belőle. Forgassa meg a húsgombócokat a rizsben, hogy teljesen bevonja őket, majd helyezze el őket egy sekély, tűzálló edénybe, szóközökkel. Pároljuk egy rácson, enyhén forrásban lévő víz felett 30 percig. Szójaszósszal és kínai mustárral tálaljuk.

Fasírt édes-savanyú mártással

4-et szolgál ki

450 g darált (darált) marhahús

1 hagyma, finomra vágva

25 g/1 oz vízgesztenye, apróra vágva

15 ml/1 evőkanál szójaszósz

15 ml/1 evőkanál rizsbor vagy száraz sherry

1 tojás, felvert

100 g/4 oz/¬Ω csésze kukoricaliszt (kukoricakeményítő)

olaj a rántáshoz

A szószhoz:

15 ml/1 evőkanál földimogyoró-olaj

1 zöldpaprika, kockára vágva

100 g/4 uncia ananászdarabok szirupban

100 g/4 oz vegyes kínai édes savanyúság

100 g/4 oz/¬Ω csésze barna cukor

120 ml/4 fl oz/¬Ω csésze csirkealaplé

60 ml/4 evőkanál borecet

15 ml/1 evőkanál paradicsompüré (tészta)

15 ml/1 evőkanál kukoricaliszt (kukoricakeményítő)

15 ml/1 evőkanál szójaszósz

sót és frissen őrölt borsot

45 ml/3 evőkanál kókuszreszelék

Keverje össze a marhahúst, a hagymát, a vizes gesztenyét, a szójaszószt és a bort vagy a sherryt. Kis golyókat formázunk, és felvert tojásba, majd kukoricalisztbe forgatjuk. Forró olajban néhány perc alatt megpirítjuk. Tegyük át egy felmelegített tálra, és tartsuk melegen.

Közben felforrósítjuk az olajat, és kevergetve pirítjuk a borsot 2 percig. Adjunk hozzá 30 ml/2 evőkanál ananászszirupot, 15 ml/1 evőkanál savanyú ecetet, cukrot, alaplevet, borecetet, paradicsompürét, kukoricalisztet és szójaszószt. Jól keverjük össze, forraljuk fel, és kevergetve addig főzzük, amíg a keverék kitisztul és besűrűsödik. A maradék ananászt és a savanyúságot lecsepegtetjük, és a serpenyőbe tesszük. Pároljuk, kevergetve 2 percig. Ráöntjük a húsgombócokra, és kókuszreszelékkel megszórva tálaljuk.

Párolt húspuding

4-et szolgál ki

6 szárított kínai gomba

225 g darált (darált) marhahús

225 g darált (darált) sertéshús

1 hagyma, felkockázva

20 ml/2 evőkanál mangó chutney

30 ml/2 evőkanál hoisin szósz

30 ml/2 evőkanál szójaszósz

5 ml/1 teáskanál ötfűszeres por

1 gerezd fokhagyma, összetörve

5 ml/1 teáskanál só

1 tojás, felvert

45 ml/3 evőkanál kukoricaliszt (kukoricakeményítő)

60 ml/4 evőkanál apróra vágott metélőhagyma

10 káposztalevél

300 ml/¬Ω pt/1¬º csésze marhaalaplé

A gombát 30 percre meleg vízbe áztatjuk, majd leszűrjük. Dobja el a kupakokat, és vágja fel a kupakokat. Keverjük össze a darált húsokkal, hagymával, chutney-val, hoisin szósszal, szójaszósszal, ötfűszeres porral és fokhagymával, majd sózzuk. Adjuk hozzá a tojást és a kukoricalisztet, és keverjük hozzá a metélőhagymát. A párolókosarat kibéleljük a káposztalevelekkel. A darált tortaformát formázzuk, és a levelekre helyezzük. Fedjük le és pároljuk 30 percig enyhén pároló húslével.

Párolt darált marhahús

4-et szolgál ki

450 g darált (darált) marhahús

2 hagyma, apróra vágva

100 g/4 oz vízgesztenye, finomra

apróra vágva

60 ml/4 evőkanál szójaszósz

60 ml/4 evőkanál rizsbor vagy száraz sherry

sót és frissen őrölt borsot

Az összes hozzávalót összekeverjük, ízlés szerint sóval és borssal ízesítjük. Egy kis hőálló tálba nyomkodjuk, és párolóba tesszük forradó víz fölé. Fedjük le és pároljuk körülbelül 20 percig, amíg a hús megpuhul, és az étel elkészíti a saját ízletes szószát.

Rántott darált osztrigaszósszal

4-et szolgál ki

30 ml/2 evőkanál földimogyoró-olaj

2 gerezd fokhagyma, összetörve

225 g darált (darált) marhahús

1 hagyma, apróra vágva

50 g/2 oz vízgesztenye, apróra vágva

50 g/2 uncia bambuszrügy, apróra vágva

15 ml/1 evőkanál szójaszósz

30 ml/2 evőkanál rizsbor vagy száraz sherry

15 ml/1 evőkanál osztrigaszósz

Az olajat felforrósítjuk, és a fokhagymát enyhén megpirítjuk. Hozzáadjuk a húst, és minden oldalról pirulásig keverjük. Hozzáadjuk a hagymát, a vízgesztenyét és a bambuszrügyet, és kevergetve 2 percig pirítjuk. Keverje hozzá a szójaszószt és a bort vagy a sherryt, fedje le és párolja 4 percig.

Marhatekercsek

4-et szolgál ki

350 g darált (darált) marhahús

1 tojás, felvert

5 ml/1 tk kukoricaliszt (kukoricakeményítő)

5 ml/1 teáskanál földimogyoró olaj

sót és frissen őrölt borsot

4 újhagyma (hagyma), apróra vágva

8 rugós tekercscsomagoló olaj rántáshoz

Keverjük össze a marhahúst, a tojást, a kukoricalisztet, az olajat, a sót, a borsot és az újhagymát. 1 órát állni hagyjuk. Mindegyik rugótekercs-csomagolóba tegyünk kanálnyi keveréket, hajtsuk fel az alapot, hajtsuk be az oldalakat, majd tekerjük fel a csomagolópapírokat, a széleket kevés vízzel zárjuk le. Felforrósítjuk az olajat, és a tekercseket aranybarnára sütjük és átsütjük. Tálalás előtt jól lecsepegtetjük.

Marha- és spenótgolyók

4-et szolgál ki

450 g darált (darált) marhahús

1 tojás

100 g/4 uncia zsemlemorzsa

60 ml/4 evőkanál víz

15 ml/1 evőkanál kukoricaliszt (kukoricakeményítő)

2,5 ml/¬Ω teáskanál só

15 ml/1 evőkanál rizsbor vagy száraz sherry

30 ml/2 evőkanál földimogyoró-olaj

45 ml/3 evőkanál szójaszósz

120 ml/4 fl oz/¬Ω csésze marhahúsleves

350 g/12 oz spenót, aprítva

Keverje össze a marhahúst, a tojást, a zsemlemorzsát, a vizet, a kukoricalisztet, a sót és a bort vagy sherryt. Diónyi golyókat formázunk. Az olajat felforrósítjuk, és a húsgombócokat minden oldalukon barnára sütjük. Kivesszük a serpenyőből, és lecsepegtetjük a felesleges olajat. Adjuk hozzá a szójaszószt és az alaplevet a serpenyőbe, és tegyük vissza a húsgombócokat. Forraljuk fel, fedjük le és pároljuk 30 percig, időnként megforgatva. Pároljuk a spenótot egy külön serpenyőben, amíg éppen meg nem puhul, majd keverjük a marhahúshoz és melegítsük át.

Rántott marhahús tofuval

4-et szolgál ki

20 ml/4 tk kukoricaliszt (kukoricakeményítő)

10 ml/2 teáskanál szójaszósz

10 ml/2 teáskanál rizsbor vagy száraz sherry

225 g darált (darált) marhahús

2,5 ml/½ tk cukor

30 ml/2 evőkanál földimogyoró-olaj

2,5 ml/½ teáskanál só

1 gerezd fokhagyma, összetörve

120 ml/4 fl oz/½ csésze marhahúsleves

225 g/8 uncia tofu, kockára vágva

2 újhagyma (hagyma), apróra vágva

csipetnyi frissen őrölt bors

Keverje össze a kukoricaliszt felét, a szójaszósz felét és a bor vagy sherry felét. Adjuk hozzá a marhahúshoz, és jól keverjük össze. Az olajat felforrósítjuk, és néhány másodpercig kevergetve pirítjuk a sót és a fokhagymát. Adjuk hozzá a marhahúst, és kevergetve pirítsuk, amíg éppen csak barnul. Hozzákeverjük az alaplevet, és felforraljuk. Adjuk hozzá a tofut, fedjük le és pároljuk 2 percig. A maradék kukoricalisztet, szójaszószt és bort vagy sherryt összekeverjük, hozzáadjuk a serpenyőbe, és kevergetve addig pároljuk, amíg a szósz besűrűsödik.

Bárány spárgával

4-et szolgál ki

350 g/12 uncia spárga

450 g/1 font sovány bárányhús

45 ml/3 evőkanál földimogyoró-olaj

sót és frissen őrölt borsot

2 gerezd fokhagyma, összetörve

250 ml/8 fl oz/1 csésze alaplé

1 paradicsom meghámozva és szeletekre vágva

15 ml/1 evőkanál kukoricaliszt (kukoricakeményítő)

45 ml/3 evőkanál víz

15 ml/1 evőkanál szójaszósz

A spárgát vágd átlós kockákra, és tedd egy tálba. Felöntjük forrásban lévő vízzel, és 2 percig állni hagyjuk, majd lecsepegtetjük. A bárányt vékonyan felszeleteljük a szemhez képest. Felforrósítjuk az olajat, és kevergetve sütjük a bárányhúst enyhe színig. Adjuk hozzá a sót, a borsot és a fokhagymát, és kevergetve pirítsuk 5 percig. Adjuk hozzá a spárgát, az alaplevet és a paradicsomot, forraljuk fel, fedjük le és pároljuk 2 percig. A kukoricalisztet, a vizet és a szójaszószt pépesre keverjük, belekeverjük a serpenyőbe, és kevergetve addig pároljuk, amíg a szósz kitisztul és besűrűsödik.

Barbecue bárány

4-et szolgál ki

450 g/1 font sovány bárányhús, csíkokra vágva

120 ml/4 fl oz/¬Ω csésze szójaszósz

120 ml/4 fl oz/¬Ω csésze rizsbor vagy száraz sherry

1 gerezd fokhagyma, összetörve

3 újhagyma (hagyma), apróra vágva

5 ml/1 teáskanál szezámolaj

sót és frissen őrölt borsot

Helyezze a bárányt egy tálba. A többi hozzávalót összekeverjük, ráöntjük a bárányhúsra, és 1 órát pácoljuk. Forró parázson grillezzük (sütjük), amíg a bárány meg nem fő, szükség szerint meglocsoljuk a szósszal.

Bárány zöldbabbal

4-et szolgál ki

450 g/1 font zöldbab, julienne csíkokra vágva

45 ml/3 evőkanál földimogyoró-olaj

450 g/1 font sovány bárányhús, vékonyra szeletelve

250 ml/8 fl oz/1 csésze alaplé

5 ml/1 teáskanál só

2,5 ml/¬Ω tk frissen őrölt bors

15 ml/1 evőkanál kukoricaliszt (kukoricakeményítő)

5 ml/1 teáskanál szójaszósz

75 ml/5 evőkanál víz

A babot forrásban lévő vízben 3 percig blansírozzuk, majd jól leszűrjük. Az olajat felforrósítjuk, és a húst minden oldalról enyhén barnára sütjük. Adjuk hozzá az alaplevet, forraljuk fel, fedjük le és pároljuk 5 percig. Adjuk hozzá a babot, sózzuk, borsozzuk, fedjük le és pároljuk 4 percig, amíg a hús megpuhul. A kukoricalisztet, a szójaszószt és a vizet pépesre keverjük, belekeverjük a serpenyőbe, és kevergetve addig pároljuk, amíg a szósz kitisztul és besűrűsödik.

Párolt bárány

4-et szolgál ki

450 g/1 font csontozott báránylapocka, kockára vágva

15 ml/1 evőkanál földimogyoró-olaj

4 újhagyma (hagyma), szeletelve

10 ml/2 tk reszelt gyömbér gyökér

200 ml/¬Ω pt/1¬º csésze csirkealaplé

30 ml/2 evőkanál cukor

30 ml/2 evőkanál szójaszósz

15 ml/1 evőkanál hoisin szósz

15 ml/1 evőkanál rizsbor vagy száraz sherry

5 ml/1 teáskanál szezámolaj

A bárányt forrásban lévő vízben 5 percig blansírozzuk, majd leszűrjük. Felforrósítjuk az olajat, és kevergetve süssük a bárányhúst körülbelül 5 percig, amíg megpirul. Kivesszük a tepsiből, és konyhai papíron lecsepegtetjük. Távolítson el mindent a serpenyőből, kivéve 15 ml/1 evőkanál olajat. Az olajat felforrósítjuk, és kevergetve 2 percig pirítjuk benne az újhagymát és a gyömbért. Tegyük vissza a húst a serpenyőbe a többi hozzávalóval együtt. Forraljuk fel, fedjük le, és lassú tűzön pároljuk 1¬Ω órán keresztül, amíg a hús megpuhul.

Bárány brokkolival

4-et szolgál ki

75 ml/5 evőkanál földimogyoró-olaj

1 gerezd fokhagyma, összetörve

450 g/1 font bárányhús, csíkokra vágva

450 g/1 font brokkoli virágok

250 ml/8 fl oz/1 csésze alaplé

5 ml/1 teáskanál só

2,5 ml/¬Ω tk frissen őrölt bors

30 ml/2 evőkanál kukoricaliszt (kukoricakeményítő)

75 ml/5 evőkanál víz

5 ml/1 teáskanál szójaszósz

Az olajat felforrósítjuk, és a fokhagymát és a bárányt megpirítjuk benne. Adjuk hozzá a brokkolit és az alaplevet, forraljuk fel, fedjük le és pároljuk körülbelül 15 percig, amíg a brokkoli megpuhul. Sózzuk, borsozzuk. A kukoricalisztet, a vizet és a szójaszószt pépesre keverjük, belekeverjük a serpenyőbe, és kevergetve addig pároljuk, amíg a szósz kitisztul és besűrűsödik.

Bárány vízi gesztenyével

4-et szolgál ki

350 g/12 uncia sovány bárányhús, darabokra vágva

15 ml/1 evőkanál földimogyoró-olaj

2 újhagyma (hagyma), szeletelve

2 szelet gyömbérgyökér, apróra vágva

2 piros chili paprika, apróra vágva

600 ml/1 pt/2¬Ω csésze víz

100 g fehérrépa, kockára vágva

1 sárgarépa, kockára vágva

1 rúd fahéj

2 gerezd csillagánizs

2,5 ml/¬Ω tk cukor

15 ml/1 evőkanál szójaszósz

15 ml/1 evőkanál rizsbor vagy száraz sherry

100 g/4 oz vizes gesztenye

15 ml/1 evőkanál kukoricaliszt (kukoricakeményítő)

45 ml/3 evőkanál víz

A bárányt forrásban lévő vízben 2 percig blansírozzuk, majd leszűrjük. Az olajat felforrósítjuk, és az újhagymát, a gyömbért és a chilipaprikát 30 másodpercig megpirítjuk. Hozzáadjuk a bárányhúst, és kevergetve addig sütjük, amíg a fűszerek jól bevonják. Adjuk hozzá a többi hozzávalót, kivéve a vizes gesztenyét, a kukoricalisztet és a vizet, forraljuk fel, részben fedjük le, és pároljuk körülbelül 1 órán át, amíg a bárány megpuhul. Időnként ellenőrizze, és szükség esetén töltse fel forrásban lévő vízzel. Távolítsuk el a fahéjat és az ánizst, adjuk hozzá a vizes gesztenyét, és fedő nélkül pároljuk körülbelül 5 percig. A kukoricalisztet és a vizet keverjük pépesre, és keverjük egy kicsit a szószhoz. Pároljuk, kevergetve, amíg a szósz besűrűsödik. Előfordulhat, hogy nincs szüksége az összes kukoricaliszttésztára, ha főzés közben hagyja, hogy a szósz lecsökkenjen.

Bárány káposztával

4-et szolgál ki

45 ml/3 evőkanál földimogyoró-olaj

450 g/1 font bárány, vékonyra szeletelve

sót és frissen őrölt fekete borsot

1 gerezd fokhagyma, összetörve

450 g kínai kel, aprítva

120 ml/4 fl oz/¬Ω csésze alaplé

15 ml/1 evőkanál kukoricaliszt (kukoricakeményítő)

15 ml/1 evőkanál szójaszósz

60 ml/4 evőkanál víz

Az olajat felforrósítjuk, és a bárányhúst, sóval, borssal és fokhagymával enyhén barnára sütjük. Hozzáadjuk a káposztát, és addig keverjük, amíg az olajjal el nem vonódik. Adjuk hozzá az aplevet, forraljuk fel, fedjük le és pároljuk 10 percig. A kukoricalisztet, a szójaszószt és a vizet pépesre keverjük, belekeverjük a serpenyőbe, és kevergetve addig pároljuk, amíg a szósz kitisztul és besűrűsödik.

Lamb Chow Mein

4-et szolgál ki

450 g/1 font tojásos tészta

45 ml/3 evőkanál földimogyoró-olaj

450 g/1 font bárány, szeletelve

1 hagyma, szeletelve

1 zeller szív, szeletelve

100 g/4 oz gomba

100 g/4 oz babcsíra

20 ml/2 tk kukoricaliszt (kukoricakeményítő)

175 ml/6 fl oz/¬æ csésze víz

sót és frissen őrölt borsot

A tésztát forrásban lévő vízben 8 percig főzzük, majd leszűrjük. Felforrósítjuk az olajat, és kevergetve enyhén barnára sütjük a bárányhúst. Hozzáadjuk a hagymát, a zellert, a gombát és a babcsírát és

Bárány Curry

4-et szolgál ki

30 ml/2 evőkanál földimogyoró-olaj

2 gerezd fokhagyma, összetörve

1 szelet gyömbér gyökér, darálva

450 g/1 font sovány bárányhús, kockára vágva

100 g/4 uncia burgonya, kockára vágva

2 sárgarépa, kockára vágva

15 ml/1 evőkanál curry por

250 ml/8 fl uncia/1 csésze csirkealaplé

100 g/4 oz gomba, szeletelve

1 zöldpaprika, kockára vágva

50 g/2 oz vízgesztenye, szeletelve

Az olajat felforrósítjuk, és a fokhagymát és a gyömbért enyhén barnára pirítjuk. Hozzáadjuk a bárányhúst, és kevergetve 5 percig pirítjuk. Adjuk hozzá a burgonyát és a sárgarépát, és kevergetve pirítsuk 3 percig. Adjuk hozzá a curryport és kevergetve pirítsuk 1 percig. Hozzákeverjük az alaplevet, felforraljuk, lefedjük, és körülbelül 25 percig pároljuk. Adjuk hozzá a gombát, a borsot és a vizes gesztenyét, és pároljuk 5 percig. Ha sűrűbb mártást szeretne, forralja néhány percig, hogy a szósz lecsökkenjen, vagy sűrítse 15 ml/1 evőkanál kukoricaliszttel, amihez kevés vizet kevertünk.

Illatos bárány

4-et szolgál ki

30 ml/2 evőkanál földimogyoró-olaj

450 g/1 font sovány bárányhús, kockára vágva

2 újhagyma (hagyma), apróra vágva

1 gerezd fokhagyma, összetörve

1 szelet gyömbér gyökér, darálva

120 ml/4 fl oz/¬Ω csésze szójaszósz

15 ml/1 evőkanál rizsbor vagy száraz sherry

15 ml/1 evőkanál barna cukor

2,5 ml/¬Ω teáskanál só

frissen őrölt bors

300 ml/¬Ω pt/1¬º csésze víz

Az olajat felforrósítjuk, és a bárányhúst enyhén barnára sütjük. Hozzáadjuk az újhagymát, a fokhagymát és a gyömbért, és 2 percig pirítjuk. Adjuk hozzá a szójaszószt, a bort vagy a sherryt, a cukrot és a sót, és ízlés szerint borsozzuk. A hozzávalókat jól összekeverjük. Adjuk hozzá a vizet, forraljuk fel, fedjük le és pároljuk 2 órán át.

Grillezett bárány kockák

4-et szolgál ki

120 ml/4 fl oz/¬Ω csésze földimogyoró-olaj

60 ml/4 evőkanál borecet

2 gerezd fokhagyma, összetörve

15 ml/1 evőkanál szójaszósz

5 ml/1 teáskanál só

2,5 ml/¬Ω tk frissen őrölt bors

2,5 ml/¬Ω teáskanál oregánó

450 g/1 font sovány bárányhús, kockára vágva

Keverjük össze az összes hozzávalót, fedjük le és hagyjuk pácolódni egy éjszakán át. Csatorna. Helyezze a húst egy grillrácsra, és grillezze (süti) körülbelül 15 percig, többször megfordítva, amíg a bárány megpuhul és enyhén megpirul.

Bárány Mangetouttal

4-et szolgál ki

2 gerezd fokhagyma, összetörve

2,5 ml/¬Ω teáskanál só

450 g/1 font bárányhús, kockára vágva

30 ml/ 2 evőkanál kukoricaliszt (kukoricakeményítő)

30 ml/2 evőkanál földimogyoró-olaj

450 g/1 font mangetout (hóborsó), 4 részre vágva

250 ml/8 fl uncia/1 csésze csirkealaplé

10 ml/2 tk reszelt citromhéj

30 ml/2 evőkanál méz

30 ml/2 evőkanál szójaszósz

5 ml/1 teáskanál őrölt koriander

5 ml/1 tk kömény, őrölt

30 ml/2 evőkanál paradicsompüré (tészta)

30 ml/2 evőkanál borecet

Keverjük össze a fokhagymát és a sót, és dobjuk a bárányhúshoz. A bárányt bekenjük kukoricalisztbe. Felforrósítjuk az olajat, és kevergetve süssük készre a bárányhúst. Adjuk hozzá a mangetoutot, és kevergetve pirítsuk 2 percig. A maradék kukoricalisztet összekeverjük az alaplével, és a többi hozzávalóval a tepsibe öntjük. Kevergetve felforraljuk, majd lassú tűzön 3 percig főzzük.

Pácolt bárány

4-et szolgál ki

450 g/1 font sovány bárányhús

2 gerezd fokhagyma, összetörve

5 ml/1 teáskanál só

120 ml/4 fl oz/¬Ω csésze szójaszósz

5 ml/1 teáskanál zellersó

olaj a rántáshoz

Helyezze a bárányt egy edénybe, és fedje le hideg vízzel. Adjuk hozzá a fokhagymát és a sót, forraljuk fel, fedjük le és pároljuk 1 órán át, amíg a bárány meg nem fő. Kivesszük a serpenyőből és lecsepegtetjük. A bárányhúst egy tálba tesszük, hozzáadjuk a szójaszószt és megszórjuk zellersóval. Fedjük le és hagyjuk pácolódni 2 órán át vagy egy éjszakán át. A bárányt apró darabokra vágjuk. Az olajat felforrósítjuk, és a bárányt törékensre sütjük. Tálalás előtt jól lecsepegtetjük.

www.ingramcontent.com/pod-product-compliance
Lightning Source LLC
Chambersburg PA
CBHW070415120526
44590CB00014B/1411